最強の組織をつくる「5S」のススメ

「ダメなものは、ダメ!」と言える経営者を目指せ!

戸敷進一
株式会社経営改善支援センター
代表取締役

現代書林

少し長い「はじめに」

日本の企業のうち、大企業の割合は全体の0・3%です。残りの99・7%は中小零細企業です（2015年中小企業白書）。雇用に関しては、おおむね大企業が25%、中小零細企業が75%です。こうした枠組みの数字は意外と知られていません。なぜならば、一般的に情報と呼ばれる新聞や雑誌の報道が大企業の動勢について書かれたものだからです。そして、書店に並ぶ経営書の多くも大企業に関するものが多いのです。まれに中小企業に関する情報も、大企業向けの焼き直しであったり、ごく一部の業界や特殊な事例を元にした内容のため、現場で実践しようとしても、うまくいかないことが少なくありません。

本書はそうした情報の背景を踏まえ、企業組織がどのように物事を考え、どのように変化させていかなければならないかについてコンサルティングの現場での私の経験をもとに、中小零細企業向けに書かれたものです。

組織に存在する価値観の多様化

数年前、平均年齢28歳という企業と1年間お付き合いをしました。そこで目にした若い世代の物事の考え方に驚きました。

入社3年目までの若い社員たちの多くが「給料が安い」と話しているのです。その企業の給与・賞与・福利厚生などを知っている私からみれば、決して条件が悪くはありません。しかし、どういうわけか給料に関する不満が大きいのです。話を進めていくうちに、彼らの中からこんな言葉が出てきました。

「朝から晩までこき使われて、時給に換算したら学生バイト以下ですよ……」

冗談で言っているのかと思ったら、どうやら本気で言っているようです。ほかの数人の若い社員たちも頷いています。続けてこうした発言がありました。

「部長は時給が高いからなぁ……」

朝は彼らより遅く出社して、夕方は彼らより先に帰る部長は「時給」が高いと言っているのです。呆れながら、業務内容や経験の差、持っているスキル（資格など）について話をしたのですが、なかなか理解をしてもらえません。揚句、

「『同一労働同一賃金』って言うじゃないですか。僕も部長と同じように営業をしているのですから、こんなに給料差があるのは納得できません」

と言い放ちました。

「同一労働同一賃金」とは、ＩＬＯ（国際労働機構）が推進しているもので、キリスト教

の正義感を背景にしたヨーロッパの概念に基づいた労働権利に関する考え方です。根底にあるのは、仕事に関する基準が「職務給」ということです。それに対して、日本では「職能給」「年齢給」などという、人に基づく基準を持っていて単純に現在の日本に当てはめられるものではありません。そのときにはそんな話をしませんでした。なぜならば、彼らの働く基準が、高校生や大学生のときのアルバイトの経験から「時給」であることに気づいたからです。

戦後70年を越え、高度経済成長を経て成熟時代に入った日本社会ではこうした以前とはまったく異なる価値観が出回っているのです。

「学校で何を学んできたのか？」

「家庭でどんな躾をされてきたのか？」

などと言っても始まりません。すべてとは言いませんが、このようにバラバラの価値観が日本の社会にあふれ、時に組織の中にまで入り込んでいます。

別の組織の話です。パート社員を含む女性社員たちの研修で、こんな発言とやり取りがありました。

「会社はいつも勝手に物事を決めて、私たちに押しつけてきます。もっと民主的に物事は進めるべきだと思います。全員の意見を聞いて経営をすべきです」

ある女性が研修会のあとでこう話すと、ほかの女性たちの多くが頷いていました。

司会者や研修の講師たちが困った顔をして、オブザーバー参加の私にＳＯＳを求めてきました。私は笑いながら演壇に立ちました。

「『船頭多くして船山に登る』という言葉をご存知でしょうか。実は、みんなの意見を聞いて組織の方向を決めるということは正しくありません。組織とは誰かが何かを決めて、参加者がそれに従うというものです。もちろん従業員さんの意見を聞くということは大切ですが、それによって会社経営の方針を決定するなどということはありません。そんなことをしたら、まず会社は潰れます。それから、先ほどから何度も『民主的』という言葉を使われておりましたが、ここは企業組織です。民主的という言葉の意味を取り違えないようにしてください。会社経営は議会とは違いますから……」

クライアントではなかったので、おだやかな語調でそんな話をしました。すると、先ほどの女性がマイクを握り直し、私に向かってこんな言葉を投げかけました。

「あなたのような、ファシスト的な考え方があるから私たちは苦労しているのです。私たちは、労働者の権利として経営に文句を言っているのです。おかしな発言はしないでください」

申し上げておきますが、この企業は昨今世間を賑わせているようなブラック企業ではなく、着実に成果を上げ、伸びている健全な企業なのです。その企業が、さらに上を目指そうとして研修会を実施したところ、こんな発言が飛び出してきたのです。

再び笑いながら演壇に立ってユーモアたっぷりに話をしました。

「ええとそれでは、この会社の資本金は1000万円ですから、半分の500万円を出して株主になりましょう。先ほどから何度も民主的とおっしゃっていますが、この組織は株式会社です。経営に参加するなら、まず株主になって経営会議に参加して、今の発言をするべきです。それが社会のルールですがいかがですか?」

「ここ3年間で、日本の企業数は420万社から385万社へ減っています。人口減少、少子高齢化が急速に進んでいる中で企業数は激減しています。1日に約300社が消えていっているというのが現状です。そのような状況下で組織の存続と発展を考えるというテーマでの研修会で、先ほどのようなネガティブな発言が出るとは何とも情けない話です」

「本気でこの会社が嫌いなら、ご自身で会社をおつくりになればいい。そして、先ほどからお話されているような、残業をしない、給料は大企業並みにもらえる、年間150日ほど休暇の取れる会社を作ればいい。今回は、少しでもいい会社にしようという試みであったはずですが、最初からこんな意見が出るところに組織の課題が見えていますね」

そして、最後の部分は少し口調を変えて本気になって言いました。

「本日私は、オブザーバー参加ということでここに来ています。メインの講師ではないから言えることですが、初対面の人間に対してファシスト呼ばわりをされたことは覚えておきましょう。社会人としてどれだけ失礼な発言であったかは、きちんと覚えておきます。何よりもこの会場に入ってきたとき、私は何人もの方々へあいさつをしましたが、半分以上の方は返事を返してくれませんでした。遅刻してこられた方がどれくらいいましたか。組織がどうのこうのという以前に、基本的なことができていない組織だと思います。日本全国を周り、多くの企業を見てきましたが、ここは最低の組織です。何ですか、研修の最中に居眠りをする人間はいる、後ろでは携帯電話の画面ばかり見ている、そして常識がない。こういう会社からまず潰れていきます！」

なぜこのようなことが起こるのでしょうか。それは、価値観の多様性に対して丁寧な対応をしてこなかった組織に原因があります。本質から離れた現象だけに対応を続けていると、こうした訳のわからない事態を招いてしまうのです。

「会社のイベントに遅刻者が多い組織」
「決めたことが守れない組織」
「他部門のことに無関心な組織」
「組織人としての教育ができていない組織」
「会社の悪口を平気で言い続ける人たち」
「まともなあいさつもできない人たち」
「会社が汚れていても気にもしない人たち」
「社会人としておかしな人たち」……

実は、気をつけて見てみるとこのような課題を抱えている組織は少なくないのです。以前ならば、「それくらい言わなくてもわかるだろう」という共通の価値観が組織にありました。しかし、現代では世代、職位、性別などによって価値観が多様化していて、まとまりのない組織が増えています。本書は、このような私がコンサルティングの現場で見聞きした実体験をもとに書いていきます。

組織内の3つの誤解

昨今の企業組織において最大の課題は、3つの言葉が通用しなくなったことにあります。

①きちんと　②ちゃんと　③利益

この3つが組織の中で明確になっていないことが原因となって、組織でさまざまな誤解を招いています。

想像していただきたいのは、社長が60代、新入社員が10代後半～20代前半である組織の風景です。社長が、朝礼や訓話の中でよく「①きちんと」という言葉を使いますが、その言葉が若い世代にきちんと伝わっているかどうかは大変疑わしいのです。同様に、専務が「②ちゃんと」という言葉を会議で使い続けているにもかかわらず、若い世代が納得して言われたとおりちゃんと行動しているかどうか疑わしいです。

以前ならば、

「それくらい言わなくたってわかっている」

という、暗黙の了解が各世代間にあって、「きちんと」や「ちゃんと」という言葉が具体的にイメージできたのです。しかし、最近ではイメージの共有以前に言葉の意味すら通じなくなっています。

例えば、「衣紋掛け（えもんかけ）」や「ちり紙（ちりがみ）」「ズック」などという言葉を若い世代は知りません。それぞれ「ハンガー」「ティッシュ」「シューズ」と置き換えなければ意味すら通じない場合が増えています。つまり、抽象的な「きちんと」「ちゃんと」という言葉では以前のように、具体的な活動や行動に結びつかないのです。

実際に、ビジネスの現場でのあいさつ、服装、電話対応などがうまくいっていない組織は少なくありません。まして、書類提出、報告・連絡・相談、情報共有についても、まともに機能していない組織だらけです。

そして、最大の問題は「③利益」についてほとんどの組織で共有ができていないことです。こんな話をすると、ベテランの会長や社長からはこう叱られます。

「利益なんて幼稚園生でもわかる話だ。偉そうなことを言うな！」

そこで、私はベテランの経営者へ質問をします。

「では、社長が組織に向かって話している利益とはどんなものですか？　売上総利益ですか？　営業利益ですか？　経常利益ですか？　税引前当期純利益ですか？　純利益ですか？」

この質問に、多くの経営者が目をパチクリとさせます。

実は、この5つの利益は決算書に書かれているものですが、その意味を理解して「利益」という言葉を使っている経営者は驚くほど少ないのです。そうなると、経営者自身がよくわかっていない「利益」という概念と言葉が、組織に浸透するはずがありません。おまけに中小企業の多くの従業員は、入社以来一度も「利益教育」を受けたことがありません。右肩が上がっている時代ならば、おおまかな売上と粗利益で経営をすることができましたが、これほど時代変化が進んでいるときに、従来型の「ドンブリ経営」では組織の存続は難しいのです。

では、どのようにすればいいのでしょうか。

それは、「仕事があってもなくても、うちの会社ではこれだけの金額が必要だ」という明確な金額を組織内に示し、それを全員で追いかける仕組みを作ることです（仕事があってもなくても必要な利益のことを「絶対利益」と呼んでいますが、これについては本書の中で詳述します）。

組織内に誤解がはびこってしまうのは、こうした抽象的な言葉で意識や行動を変えさせようとしているからです。

「5S活動」と「プロセス共有」

私は、現在の経営コンサルタントの仕事を始める前に、建設系の会社で約20年にわたって現場監督という仕事に従事してきました。専門は土木ですので、多くの道路や橋梁、ダム工事やトンネル工事などに関わりました。その中で、現場ごとに従事する人間が変わり、現場ごとに元請けや下請けという立場で小集団を指揮してきました。小さい現場のときは7〜8人、現場が大きくなると60〜70人くらいの集団を率いて現場というプロジェクトを仕上げてきました。その意味からすると、小集団の動かし方については専門家と自負しています。

コンサルタントとして独立し、最初は建設系企業への組織活性化のコンサルティングをしていたのですが、その効果が周りに認められて、現在では製造系、販売系、流通系、サービス系など、ほとんど業種を問わずに仕事をしています。

組織活性化とは、時代変化にきちんと組織が対応し、組織の人たちが目的や目標を共有して、いきいきと動いている状態のことです。組織活性化コンサルティングの導入で「5S活動」という手法を使います。

「5S活動」とは、「整理・整頓・清掃・清潔・躾」という5つの要素のことです。この5S活動は、手順を踏んで組織に落とし込むと、組織に大きな変化が起こります。何よりも、5S活動は理念ではなく実践活動なので「目に見える変化」をもたらします。目に見えるので、組織から曖昧さや抽象的な言葉が消えます。このプロセスにおいて顕在化した組織課題に手を入れることにより、活性化を図ります。つまり、自社における「きちんと・ちゃんと・利益」が明確になるのです。結果として以前とはまったく違う新しい組織に生まれ変わることができます。

長い付き合いのある人たちと、言わなくてもわかるだろう、という関係を作り上げられているのはなぜでしょうか。それは、その人たちと「プロセス共有」ができているからです。子どもの頃や、成長する過程、出会ってからの関わりの中で、人々は同じ時間と環境を共有していました。だから、いきなりの話でもついていけるし、長く顔を合わせていなくても良好な関係を維持できるのです。つまり、先に挙げた組織の誤解を解消するためには、このプロセス共有が必要なのです。

世間で流行っている「断捨離」や「片付け」などという個人的な行動とはまったく異なるものです。また、工場などの製造系の現場のみで推進されている一般的な「5S活動」とも違います。

今一度5S活動を通じて本来組織のあるべき姿をイメージしながら、あらためてプロセス共有を行い、その活動の中で、さまざまな課題が顕在化しますが、課題から目をそらさず対応することにより、世代を越えて時代にあった組織を作ることができます。

本書の内容は、地域や業界を問わず360社を超える実例に基づいています。地域特性や業界特性はあるにしろ、組織には「基本」があります。第1部が「必要編」で、組織で起こっているさまざまな課題と、課題の考え方についてまとめています。第2部が「実践編」です。実際に5S活動に取り組む手順と注意点をまとめました。そして、第3部が「育成編」です。多くの組織が取り組みを行いながら、継続できない理由を紹介しています。

当たり前のことですが、どんなに時代が変わっても本質は変わりません。それは個人も組織も同じです。ですから、経営者や経営幹部は、組織の存続のために大声で叫ばなければなりません。

「ダメなものは、ダメ！」

本書が、多くの組織の活性化の第一歩になることを切に願っております。

平成28年6月

株式会社経営改善支援センター　戸敷　進一

CONTENTS
目次

第2章

5S活動　実践編

第3章 5S活動 育成編

第4章 経営者と経営幹部のための9つのコラム

第 1 章

5S活動　必要編

2枚の写真から見えてくるもの

次ページの2枚の写真を見てください。ずいぶん「汚い組織」と「きれいな組織」の写真ですよね。さて、どちらの組織のほうがしっかりした組織のように思いますか。

タネを明かすと、2枚の写真は「同じ組織の同じ場所」を撮影したものです。ただし、時期が4カ月ほど違っていますが……。

さて、4カ月の間に組織の中でどのような変化が起こったのでしょうか。

26ページの2枚の写真を見てください。これも、ある組織の資材置場の同じ場所を撮影したものです。そして、この写真も時期が2カ月ほど違っているだけです。さて、その期間に組織にどんな変化があったのでしょうか。

実は、それぞれの組織は全社一丸となって「5S活動」に取り組んだのです。

今日も一日。
ごくろうさまでした

100年に一度の変化、1000年に一度の変化

5S活動の歴史の説明の前に、時代の大きな枠組みの変化について見てみましょう。

次ページのふたつのグラフは、100年間の日本の人口推移（図表1）と1000年間の人口推移（図表2）を表したものです。日本の人口ピークは2005年でしたから、すでに人口減少が顕在化してから10年以上過ぎました。同時に、日本の歴史を振り返っても例がないくらい、とてつもない大変化が起こっていることがわかります。現在、我々の目の前で起こっていることは「100年に一度」あるいは「1000年に一度」の大変化なのです。そのとき、自分たちの所属する組織がいかにあるべきかを本気になって考えておかなければ、企業組織はあっという間に消滅してしまいます。

右肩が上がっている時代は受け身で物事を考えればよかったのですが、右肩が下がると一歩踏み出して行動をしなければなりません。市場は縮小し、顧客のニーズも社会の仕組みも大変化を起こしているのです。

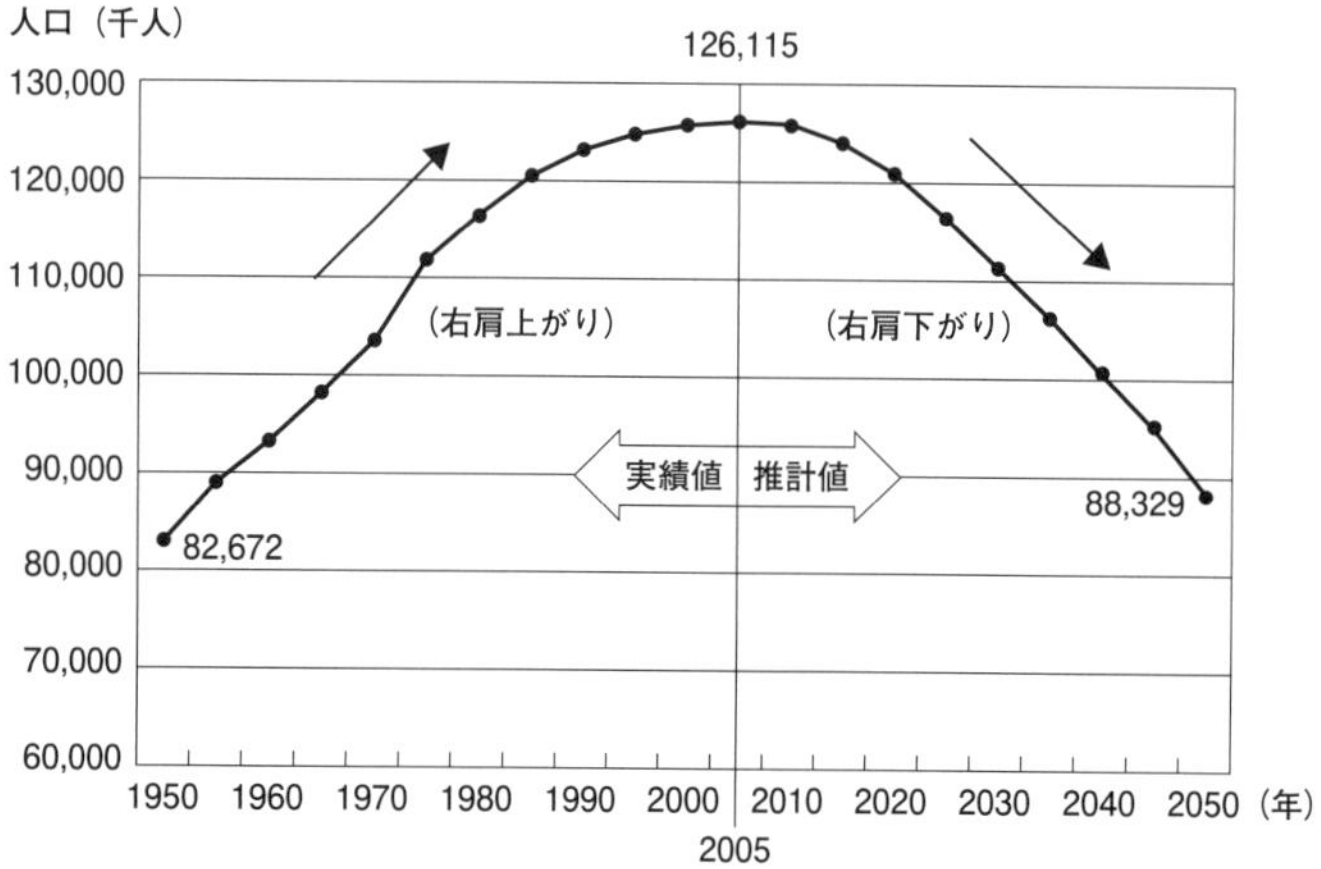

図表1　日本人人口の推移：1950〜2050年（矢印は著者記入）

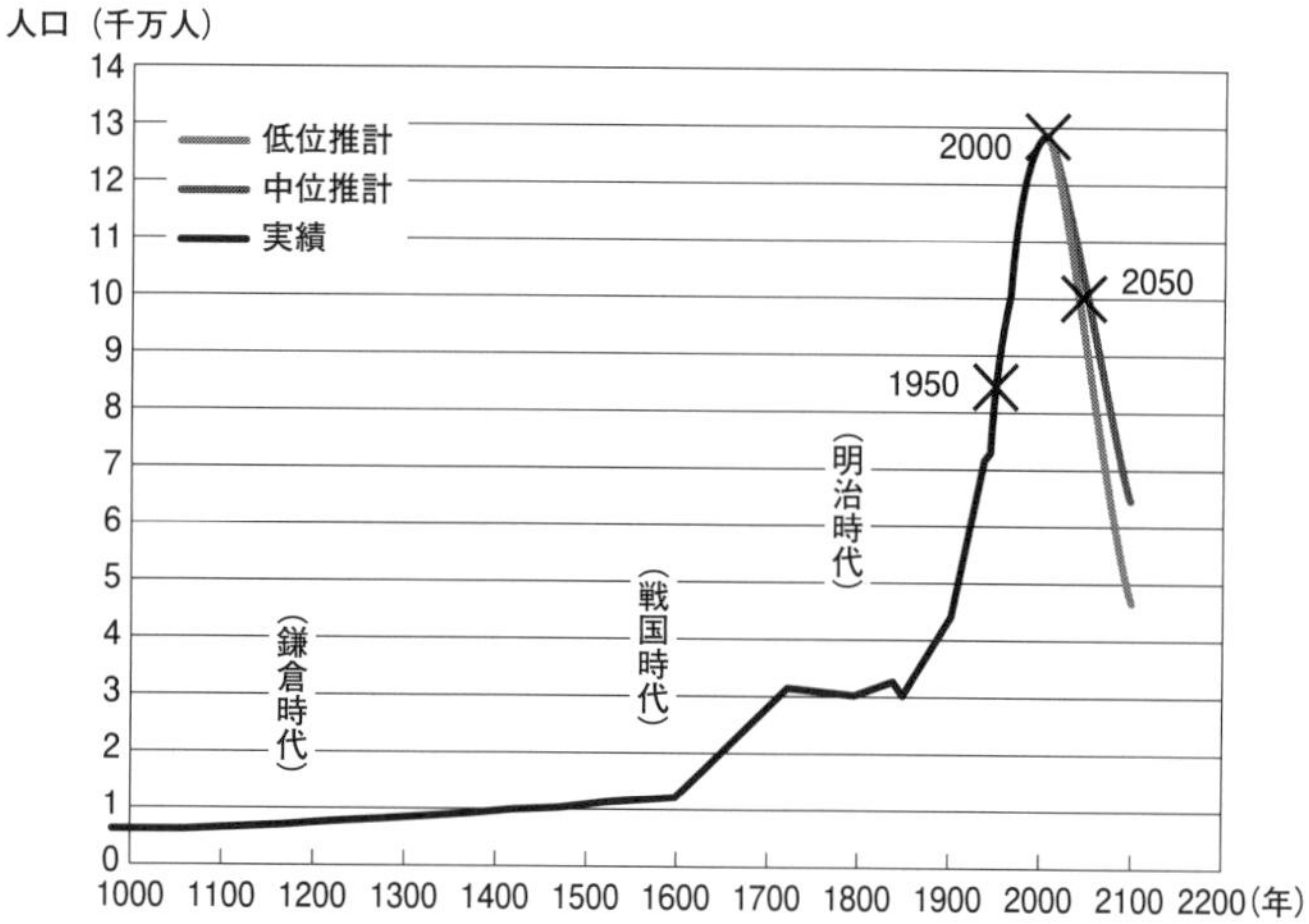

図表2　日本人口の推移と将来推計（資料：国立社会保障・人口問題研究所「人口統計資料集」等　時代は著者記入）

消えて行く企業

中小企業庁の統計によると、3年間で35万社の企業組織が消滅しています（2009年統計420万社、2012年統計385万社「中小企業白書」）。帝国データバンクの統計では、倒産する企業と自主廃業・解散する企業の比率は、自社廃業・解散する企業の方が2・01倍多いと報告されています。

世間では「正規雇用・非正規雇用」や「移民政策」などとのんびりした話をしていますが、実際の足元で起こっていることは、それよりも激しく、社会の根幹を揺るがすような組織の存続の危機ということが実際に起こっているのです。

創業年数や資産は組織の将来を担保しない

組織に関する考え方はさまざまありますが、突き詰めると「組織＝人＋仕組み」ということだと私は考えます。

「いや、社歴や資産も重要な要素ではないか」という声が聞こえてきそうですが、現実はそうでもありません。

2013年の統計では、倒産した企業の平均創業年数は23・6年でした（『東京商工リサーチ』より）。20年前には、企業の寿命は30年と言っていたのですが、現在は6年以上短くなっているのです。時折、自社の創業年数を自慢する経営者にお目にかかることがありますが、この数字を伝えると多くの方が顔をしかめます。創業年数が長いということは確かに信用や信頼という観点からすれば重要なことですが、それが組織の今後を保証するものではありません。

また、会社や経営者が資産を持っているということも大事なことですが、これも組織の未来を保証するものではありません。

小泉政権のときに推し進められた金融のグローバル化政策により、資産評価よりもキャッシュフロー、すなわち資金の流れの方が重要視されるようになりました。金融機関が金を貸す場合にも、土地をどれくらい持っているかより、健全に資金が回っているかを評価するのです。つまり、借金を抱えていても黒字かどうかというアメリカのような発想が支配的になりました。

「社歴が長い」「資産がある」という従来型の企業評価は、今風ではありません。そうなると、組織の将来を担保するものは「時代にあった人」と「時代にあった仕組み」しかないのです。時代にあった人とは、社会や組織の変化を見逃さない人のことであり、時代にあった仕組みとはインフラやツールだけではなく、本質を外さず新しい概念を取り込んだ柔軟な仕組みのことです。

このことを充分に理解していないと、流行りのものに安易に飛びついて痛い目にあったり、予想もしなかった組織的抵抗にあってしまい、組織をズタズタに傷つけてしまうこともあります。企業が推し進めた成果主義や評価制度は、なかなか日本では根付きませんでした。成果主義を導入して失敗した企業や、評価制度をとりやめた企業もありました。

今までに、欧米と日本の組織風土の違いを理解せず、そのような導入をはかった企業で何が起こったかを私たちはいくつも見てきました。「売れるホームページ」「売れるチラシ」というよいフレーズに誘われて、騙されてしまった企業も少なくありません。時代変化が早く、情報があふれている時代なので、安易に流行りのものを取り入れようとせず、一度、きちんと足元を見直す必要があります。

佐賀県　ガス会社オフィス
（活動4カ月後の変化）

「5S活動」の歴史

5S活動とは、「整理・整頓・清掃・清潔・躾」という5つの要素を組み合わせた、組織活性化の「技術」のことです。

その成立過程は、かつて日本社会の工業化が進む中で、製造業の世界で生産性の向上や労働安全環境の確立のために、「3S活動（整理・整頓・清掃）」というスローガンから生まれたものです。呼び名は、3つの要素をローマ字で表したときに、頭文字に「S」の文字がつくことからそう呼ばれました。昭和40年代から始まる高度経済成長下で多くの工場や建設現場に、3S活動のポスターや垂れ幕を目にしたものでした。

その工業化の時代の中で、社会や個人のニーズも変わり「清潔であること」「よくしつけられた人々」という新たなテーマが浮かび上がりました。そして、従来の3S活動に、「清潔」と「躾」という要素が加わり、「5S活動」という、製造系だけではなく、すべての業種に当てはまる組織活性化技術が生まれました。

組織内の共通言語を作るための5S活動

5S活動が組織を活性化させるもっとも大きな理由は、5S活動によってできる仕組みが組織内の「共通言語」になるということです。

組織の中には、部長、課長、主任などというさまざまな職位や、事務系、現場系、販売系、営業系などという職種があります。また、世代や性別、最近では国籍の違いまであります。つまり、組織は意識しておかないと、それぞれの考え方や言い分や理解度に大きな差が生まれるのです。

組織にとって一番重要な利益ですら、職位や職種によってずいぶんと認識が違います。ある人にとっては売上がすべてであり、ある人は販売することや物を作ることがすべてであり、時には集金の金額や支払いの金額でしか利益を考えられないなどというバラバラな状態です。本来全員で共通の認識のもとで行動しなければならないのですが、実態はそうではありません。

こうしたバラバラの状態をどのようにしてひとつにまとめ上げるかは、経営者や経営幹部の仕事です。そのときに、丁寧に5S活動で作り上げる仕組みは共通言語として組織の中に展開できる唯一のものなのです。

意識改革のツール

実際に5S活動に取り組んで、組織を活性化させた組織は数多くあります。ある組織では、ベテランの女性パート従業員たちがやる気を出し、あっという間に組織の雰囲気を変えてしまったことがあります。ある企業では、20代の若い世代が5S活動を推進し、数カ月で組織の仕組みを整えてしまいました。5S活動は、いわば翻訳の必要のない共通言語であると同時に「目に見える活動」なので、いったん動き出すと実にスムーズに活動の成果が表面に現れてきます。

この目に見える活動という特質は、中小企業にとっては重要なことです。組織の「意識改革」は、研修に参加させたり本を読ませたりという言葉や文字やイメージでできるものではありません。狭い範囲の業務の中から生まれてくるものでもありません。全員で取り組み、組織全体で成功体験を共有して初めて生まれてくるものです。具体的な変化を目に見える形で見せることによってはじめて意識変化を起こすことができます。その意味からするると、5S活動は意識改革にとって強力なツールとなります。

5S活動は片付けでも断捨離でもない

「みんなで頑張ろう！」「全社一丸！」

と経営トップが声をかけても、なかなか組織はまとまりません。あの手この手で組織を鼓舞するのですが、職位や職責でばらつきがあり、言っている意味が全員に伝わらない……。多くの中小企業でもっとも頭が痛いのが、このまとまりの悪さではないでしょうか。強く言っても、時間をかけても、結果はかわりません。時代に合わせた組織に変化するため、全社一丸になって取り組まなければならないというのに、なかなかそれができない……。

「だから、経営は難しい」

と、多くの経営者がどこかであきらめてしまっています。

「『5S活動』は『片付け』や『断捨離』とは違う」

と書いていても、

「なんだ、片付けのことか」「断捨離のことか」

という言葉がどこからか聞こえてきます。確かに、先ほどの2枚の写真を見ると片付けや断捨離の話のように聞こえるかもしれません。

みなさんの会社では年末などに大掃除を行うと思います。おそらくお盆の前などにも行っているのではないでしょうか。しかし、みんなで一緒にやった大掃除が、3週間経ったら元に戻ってしまうことはありませんか。

実は、大掃除は片付けなのです。片付けとは、机の上や事務所や倉庫にあるものを「片一方にくっ付ける＝片付け」という作業です。目についた物を机の片隅に寄せ、あるいは散らばった物を壁側に押し付けて、片付いたと言っているに過ぎません。

それに対して5S活動は仕組み（システム）なので、一度形ができてしまうと元に戻ることがありません。片付けが一時的なものであるのに対して、5S活動は長きにわたって継続することが可能な仕組みなのです。

また、昨今流行りの「断捨離とどう違うのか？」という声も聞こえてきそうです。断捨離とは、不要なものなどの数を減らし、生活や人生に調和をもたらそうとする生活術のことです。断捨離が個人の感覚で行うプライベートなものであるのに対して、5S活動は組織活動です。組織活動を個人の判断で行うと新たなバラツキを生んでしまいます。

組織に立ちはだかる3つの壁

組織活性化の経営コンサルタントとして日常的に企業組織と接していて強く感じるのは、「①セクショナリズム」「②世代間の意識格差」「③職位による意識格差」という3つの壁が、どの企業にも存在しているということです。

組織には、「私は営業だから」「私は総務だから」「店舗だから」「工場だから」などと、所属によって発生する意識のズレは小さくありません。多くの社員は、自分の置かれた位置から物事を判断してしまい、苦情が発生しても組織のこととして捉える以前に、その苦情の責任の押しつけ合いに走りがちです。そして、他部門への悪口がいたるところに存在します。これがセクショナリズムの壁です。

同時に、ベテラン・中堅・若手の間にも大きな壁があります。本来、それぞれの役割を理解して補わなければならない関係のはずが、成功体験の有無や業務理解の格差によって充分な補完関係にない場合があります。こうした自らの役割に対する理解不足から、「最近の若い連中は」「うちの年寄りどもは」という、双方の理解不足による無意味な軋轢《あつれき》を発生させています。

職位による意識格差の壁は致命的です。現場サイドは大したことではないと思っていたトラブルやクレームが、経営陣や経営幹部からすれば組織の存続に関わる重大なことだったり、若手が真剣に思い悩んでいることを組織の上層部が軽く考えてしまい、最終的に人材流出につながるケースも少なくはありません。このように、所属や世代、職位の違いによる3つの壁が立ちはだかっているのです。

意識改革の前に行うべきこと

立ちはだかる3つの壁を取りはらうために何を行うべきか、経営者はさまざまなことを考えます。そして、多くの経営者が「意識改革」という言葉にたどり着きます。社員たちの意識を変えられれば、組織が活性化すると思うのです。そのために経営書を読み、研修会に参加して、経営計画書や組織の目的・目標の重要性を知り、組織にそれを落とし込もうとします。

しかしながら、そうした経営者が伝えようとする理念や計画が、適切に組織の中に浸透しているかどうかということに関しては大いに疑問が残ります。

大切な経営計画発表会に遅刻者が続出するのはなぜでしょう。
会社の経営理念を幹部たちが答えられないのはなぜでしょう。
売上目標や利益目標を全員で共有できていないのはなぜでしょう。
会議中にスマホを眺めている人が多いのはなぜでしょう。
顧客重視を謳いながら社員同士のあいさつがまったくできていないのはなぜでしょう。
喫煙所で会社や上司の悪口ばかりを言っている社員が少なくないのはなぜでしょう。

実は、どんなに立派なことを考え計画したとしても、それを実行すべき組織側にそれを受け入れる準備ができていないとそれらは浸透しません。浸透しないので、いつまでも経営側と組織の歯車がかみ合わない状態が続きます。そして、恐ろしいことに業務は待ってくれません。毎日営業や受注、販売や製作、請求や会計処理という日常の業務が押し寄せます。歯車がかみ合わないままそれを行うので、ミスが多発して、苦情があとを絶たず、品質は上がらず、結局顧客の評価が上がらない。結果として時代変化についていけず、なかなか業績が伸びないという悪循環の中でもがき続けなければなりません。

では、何から始めればいいのでしょうか。

組織の人たちの意識改革を行うひとつ手前で、組織を整える必要があるのです。一度、組織の中にある誤解を解き、5S活動で具体的に体を動かしてそのプロセスを共有させ、目に見える変化を実感させることが必要です。それにより短期間で社員たちの「改革の受け皿」を整えることができます。

運動と活動の違い

「今まで3S活動や5S活動をやってきたけれど長続きしない」

「いつも掛け声だけで終わってしまい、完成した状態に致らない」

「昔やったことがあるけれども、すぐ元に戻ってしまった」

こういうお問い合わせをよくいただきます。セミナーが終わったあとの質疑応答の中でもよく出る質問です。なぜ、そんな質問が多いのかには理由があります。

多くの組織でやっていることは、「運動」であって「活動」ではないのです。その証拠に、会社に「5S活動推進中」「整理整頓」などという大きなポスターを掲げながら、実際にはグチャグチャな事務所や工場をよく見かけます。一見きれいそうに見える店舗も、バックヤードが滅茶苦茶な状態だったケースもよく見ます。

組織における運動とは、掛け声やポスター（標語）掲示のことです。
例えば、多くの幼稚園や小学校の正門などで見かける「オアシス運動」という言葉をご存知でしょうか。

「オ ―― おはようございます
ア ―― ありがとうございます
シ ―― しつれいします
ス ―― すみません」

オアシス運動は、学校で行われているあいさつ運動のことです。学校ならば、みんなで唱和してできていない子どもたちを注意すればいいのですが、組織での活動としては皮相すぎます。
それに対して活動とは「プロジェクト」のことです。プロジェクトとは、
①誰が（責任者）
②何を（目的）

③いつまでに（工程）
④いくらで（予算）
⑤どのように（手段）

という明確な目的や手段と、何よりも達成期間を明確にした組織的な活動です。

組織で行わなければならないことは「活動＝プロジェクト」です。決してポスターを張り出しただけの「運動＝スローガン」ではありません。以前は「5S運動推進中」という張り紙をあちこちで見かけました。しかし、それらはどこかの小学校の校門の前や教室に貼り出された単なる標語にすぎません。前述した弊社に寄せられる多くの質問の原因は、活動ではなく単なる運動で終わらせてしまっているということです。5S活動は決して運動にしてはならないのです。

スペースを与えると社員たちが動き始める

5S活動のひとつの特徴は、組織に所属する人たち全員を巻き込んだ活動であることが挙げられます。本社や営業所を問わず、工場や店舗を問わず、ものの置き場だけではなく機械の取り扱いや車両管理にまで活動の範囲は広がります。役員や幹部だけではなく、一般社員やアルバイト・パートまで巻き込んだ活動です。そのときに、

「自分たちで考えてみる」

というプロセスを挟み込むと、思いもかけない高いレベルの成果が出ます。今まで無関心であった人たちから意見が出たり、世代を超えて仕事に対する考え方についての対話が始まったりしたときに多く見られるケースです。


うまくいっていない5S活動の特徴は、押しつけられた活動であるということが少なくありません。「以前やったけれど、うまくいかなかった」という質問に対して、「なぜ5S活動を始めたのですか」と尋ねると、多くの組織からこんな返事が返ってきます。

「社長がやれと言ったので」

「取引先がやれと言ってきたので」

「会長がうるさいので」

こうしたきっかけで始まった5S活動のことを「やらされ5S活動」と言います。自分たちでは活動する目的も意味もわからずに、とりあえず活動するわけですから、レベル

が上がるわけがありません。ましてや、継続できるはずもありません。

本気になって意識改革や組織改革をやりたいのならば、時代変化の意味や業界の行く末を含めた大きな流れを従業員に理解させ、目的を設定してプロジェクトとして5S活動に取り組ませる必要があります。そして、もっとも重要なことはそのプロジェクトにおいて自分たちで考えてみるという、活動のための「スペース」を与えることです。

活動の完了時期や予算などの大きな枠組は経営陣が決めなければなりませんが、そのほかは自由裁量を従業員に与えることです。活動の目的に応じた責任者を定め、それを支えるメンバーたちを選出し、経営者や組織全体で活動の進捗などを共有するコミュニケーションに関する決め事を設け、メンバーたちに考えるスペースを与えることが大切です。

変化を待っている従業員たち

さまざまな組織でコンサルティングをしてきて実感しているのは、実は従業員たちの多くは変化することを待ち望んでいるということです。自分たちの生活や将来について無関心な人間はいません。誰でも、今よりよくなりたいと願っています。では、なぜ今まで変われなかったのでしょうか。

理由は簡単です。経営者が方法を教えず、動いていいという許可を与えていなかったからです。いつも上から言われる「業務命令」という形でしか、自分たちは動いていませんでした。それ以外のことをすると、時には「余計なことをするな」と叱られたかもしれません。そうした体験が積み重なって、従業員が萎縮していた事例もたくさんあります。

しかし、5S活動が始まってある程度目に見える形ができてきたときに、多くの社員さんたちは目を輝かせてこう言います。

「こんなことをやりたかったんですよ」

やる気のある若手とそんなに積極的ではない若手がいる組織では、パートの方たちが、若者たちの尻を蹴り上げるようにして活動を進めた事例があります。気難しい職人が多かった組織では、跡継ぎ専務と数人のメンバーで始めた活動が、工場が変わっていく中で、職人たちから積極的な意見が出るようになり、5S活動に懐疑的だった社長が感嘆の声を上げるレベルにまで変化した事例があります。

20店舗を超える店舗を持っていた販売会社では、その中の4店舗が先行して見違えるように変わり、それがほかの店舗に伝播して全体が変化していくプロセスも見ています。

組織をきちんとしたものにしたいという思いは、経営者だけのものではありません。従業員の人たちも同じ願いを持っているのです。それがバラバラに動いているときは組織に無用な摩擦や軋轢が生まれますが、5S活動（プロジェクト）という共通のプロセスを全社で体験すると、摩擦や軋轢が消えてゆくだけではなく、以前とは違った組織に生まれ変わっていくのです。

「2：6：2の法則」の誤解

みなさんは、組織に関する「2：6：2の法則」というものをご存知でしょうか。これは多くの経営書に書かれていることですが、何も活動をしていない一般的な組織では構成メンバーが「2：6：2」の比率に分かれるというものです（図表3）。

・社員の2割はこのままではいけないという危機感を持っている
・社員の6割は組織が決め事をしたら積極的ではないがそれに従う
・社員の2割は変化することを嫌う、あるいは反対する

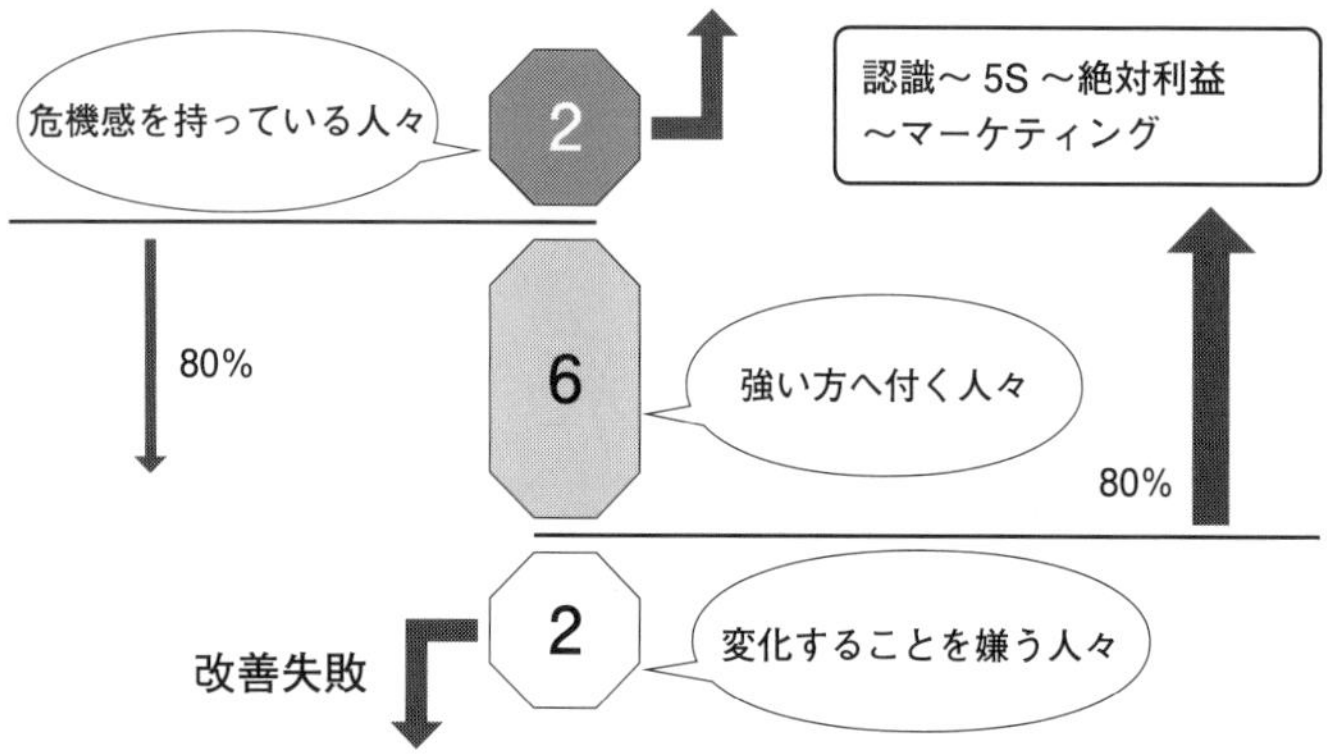

図表3

確かにこうした性質はあるようです。どこの企業にも必ず「このままではいけない」という危機感を持った人たちがいます。経営者はそうした上の2割の人たちとどうにかして組織を活性化しようと努力をしています。しかし、そこにはある種の誤解あります。

「専務や筆頭部長たちは危機感を持っていてくれるが、残りの社員はそうした危機感が薄い。彼らを何とかしなければならない」と経営者は考えてしまうのです。

そして、朝礼や会議など折に触れて「君たちには危機感が足りない！」と6割の人たちに熱心に語りかけます。彼ら、すなわち6割の組織に無関心な人たちの変化を促進しようとします。しかし、この人たちがなかなか変わってくれません。ある意味、この人たちは無関心ではないが受け身の人たちなので、自分たちからは積極的には動かず、経営者からするとイライラする存在でもあります。そのイライラが高じて、時に大声になってしまうこともあるかもしれません。

実は、6割の人たちは強い人（仕組み）につくという性質を持っています。よって「上の2割の人たち」が強くなれば、この6割の人たちは動き出すのです。6割の人たちも、会社の行末や自分たちの生活に無関心なわけではありません。本当は胸の奥底で「このまで大丈夫だろうか」と考えているのです。そこで、上の2割の人たちが、5S活動を開始して全社を巻き込みます。すると、6割の人たちも同じ方向を向くようになります。つまり、プロジェクトを通じて「8：2」を作ることができれば、間違いなく組織は大きく動き出します。

そうなると、残りの「変わりたくない」と思っている2割の人たちも動きます。「8：2」という比率は、組織においては抵抗者が出てこない比率です。

例えば、休日に会社のために一斉清掃を行ったとします。10人中8人が熱心に動きているときに2人では腕を組んで何もしないわけにはいきません。少々抵抗感があっても全体の8割の動きに従います。

逆に、組織にとってもっとも危険な比率とは「6：4」です。組織の大勢が「6：4」

になると4割の人たちは腕組みをして手を止めてしまいます。

なぜならば、活動に批判的な仲間がある程度いるので、熱心に動こうとする人たちに対して、お手並み拝見とばかりに手を止めて動こうとしないのです。5S活動のようなプロジェクトに取り組む際には、「6：4」の状態を作ってはいけません（この「6：4」の比率を私は「悪魔の比率」と呼んでいます）。

また、最初から「変化する」ことを嫌う、あるいは反対する」という2割の人たちを切り捨ててもいけません。

以前ある組織で社長が苛立ってこの2割の人たちを辞めさせたことがありました。そうすれば組織が素早く変化できるのではないかと考えたのですが、すぐに6割の中から下の2割の人たちが現れてきて苦労したという話を聞きました。つまり、組織の人たちの意識を変えるということは、単純にその人たちが持っている性格や資質によるものではなく、組織の枠組みや変化させる手順があるのだということを理解しておく必要があるのです。

5S活動と利益管理の親密性

「片付けたくらいで利益が出るものかな」という質問をよく受けますが、「利益が出るかどうかは別にして、5S活動を仕組みとして構築できたら、間違いなく生産性は上がります」と私は答えています。

5S活動を行える組織は「ものを探す」という無駄な動きがなくなり、在庫管理の精度やセクショナリズムなどという組織の弱点がなくなります。次に成功した事例を挙げてみます。

・建材販売会社Aの場合

5S活動を始める前の商品在庫額が1億8000万円でした。5S活動の仕組みが整い、不良在庫がなくなり、毎月棚卸ができるようになった結果、現在は売上が上がったにもかかわらず、商品在庫額は3000万円です。約6分の1まで在庫を圧縮できたために、資金繰りがどれほど楽になったかは想像していただければわかることです。

・建設業Bの場合

以前は機械の修理代が年間2800万円かかっていたのですが、5S活動を行ったその年には980万円まで減っていました。それまですべて外注で行っていた機械のメンテナンスをすべて自社で行い、同時に今までやっていなかった始業点検を必ず行うようになり、異常に早く気づくようになりました。そのことによって売上は維持したまま、外にもれ出ていた修理費の圧縮が可能だったのです。

・金属加工業Cの場合

毎年年間の経常利益が500万円前後しかなかったのですが、軍手1枚から備品を管理するようになり、同時に業務フローの見直しを行った結果、5S活動を始めた翌年には6000万円弱の経常利益を得ることができました。この利益体質は現在も続いていて、取引先からの提案もあり、現在は新工場の建設に取りかかっています。

どの企業も、5S活動を入り口にして組織の体質を変え、生産性を大きく変えています。

それは、5S活動が利益管理と非常に親密な関係にあるという特性を持っているからなのです。

組織の全員が理解できる絶対利益

企業組織の利益の考え方にはいろいろなものがありますが、われわれはもっともシンプルな考え方として「絶対利益」というものを組織で考えていただいています。

組織には「仕事があってもなくても絶対に必要な金額」というものがあります。

例えば、人件費はもっともわかりやすい費用でしょう。同じように、地代家賃、光熱費、車両に関する車検や保険費用、毎月のリース費用、一般管理費の多くのものは、仕事の有無（売上の有無）にかかわらず、組織にとっては絶対に必要な金額で一般的にそれらは固定費と呼ばれます。また、多くの中小企業は金融機関からの借入れをしていると思いますのでその返済金額も該当します。さらに、予定納税の積立て、採用や設備投資のために利益が必要になってきます。整理して書くと次のようになります。

固定費＋金融機関への返済金＋税金の積立金額＋税引き前利益＝絶対利益

もしかすると、初めてご覧になる数式かもしれません。特に、金融機関への返済金と固定費が並立しているので、ご指摘をされる方もいらっしゃるかもしれませんが、実はこの式によって出された金額を集めることが組織の存続を保証すると同時に、全社員にもっともわかりやすく利益を理解させるものなのです。

例えば、会計上には「売上総利益」「経常利益」「営業利益」「税引前当期純利益」「純利益」という5つの利益がありますが、この中のどれを社員に教えたらいいのでしょうか。

会計士から利益教育を受ける企業もありますが、一般社員に「減価償却費」「租税公課」「法定福利費」などと教えても、ほとんど理解できません。だったら「仕事があってもなくてもこの金額が必要だ！」という金額を全員に教えたほうが、より現実的です。何しろ、この金額の中には自分たちの給料やボーナスが入っているのです。シンプルに利益の説明をすると、世代や職位にかかわらず、アルバイト・パートの人たちまで充分に理解できます（詳細は後述します）。

少し角度を変えて考えると、その金額の総額を組織全体で集めてしまうと、企業は潰れないことがわかります。企業が倒産する理由は、売上不振や利益圧迫などさまざまな要因が重なりますが、逆に考えれば、この絶対利益を集め切れなかったからという一点に帰結します。

５Ｓ活動の最大の特徴は全員で取り組むということにあります。そして、組織が必要とする利益もまた全員で集めなければなりません。

絶対利益についての金額は、残念なことに決算書の中には書かれていません。これは、経営者自らが自分自身の体を点検するように、自ら費用や金額を計画、設定することからしか把握できません。これは、ある意味「経営計画」の第一歩なのです。そして、この金額を確定させることができれば、組織全体にこう問いかけることができます。

「弊社では、仕事があってもなくてもこの金額が絶対に必要だ！　だから今度から……」

次ページのグラフは、５Ｓ活動とともに「絶対利益獲得金額」を毎月全社に公表して、利益獲得の進捗を全社で共有しているものです（図表４、５）。

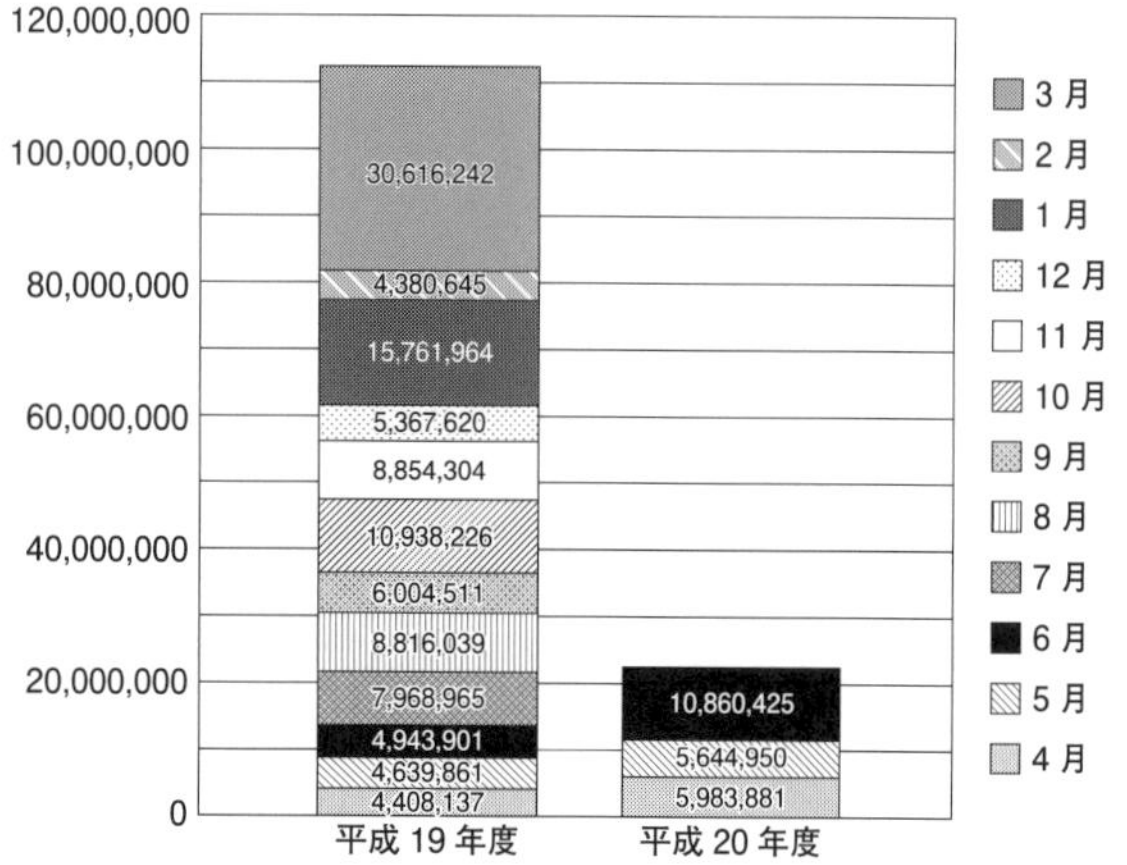

図表4　絶対利益獲得表

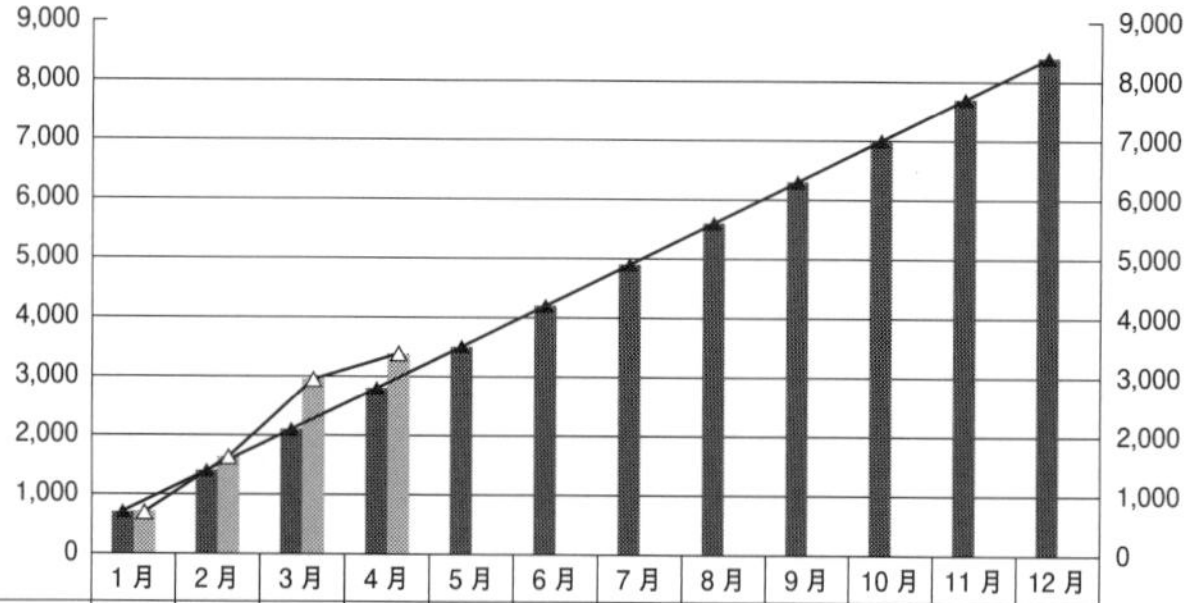

	1 月	2 月	3 月	4 月	5 月	6 月	7 月	8 月	9 月	10 月	11 月	12 月
目標限界利益	700	1,400	2,100	2,800	3,500	4,200	4,900	5,600	6,300	7,000	7,700	8,400
獲得限界利益	710	1,635	2,952	3,392								
目標限界利益	700	1,400	2,100	2,800	3,500	4,200	4,900	5,600	6,300	7,000	7,700	8,400
獲得限界利益	710	1,635	2,952	3,392								

図表5　絶対利益獲得グラフ

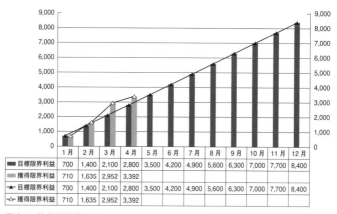

企業の「究極の目的」と「5S活動」の関係

5S活動に取り組んでも継続できない理由や、片付け程度で終わっている理由についてはいくつか述べてきましたが、私がこれまでの経験から確信していることは次のことです。それは「5S活動の位置が組織全体の中で明確になっていなかったから」ということです。「何のために5S活動を行うのか」という明確なスタート地点がなかったのです。

企業の究極の目的は「存続と発展」です（図表6）。自主廃業・解散を考えている企業以外は、存続を目指さなければなりません。そして、時代に合わせて発展しなければなりません。存続とは3年後、5年後に会社があるかという短期的な存続と、10年後、15年後に組織があるかという中期的な存続のことです。

20歳の人は、これから65歳までの残り45年をどこかで働かなければなりません。30歳の人は35年間、40歳の人でも25年間は働かなければならないのです。そのためには、組織の存続と発展が究極の目的となることはおわかりいただけると思います。

そのためには、前述の絶対利益の確保が不可欠です。どんなきれいごとを言っても、絶対利益が不足すると組織は倒れます。大企業は、金融機関や場合によっては国が助けてく

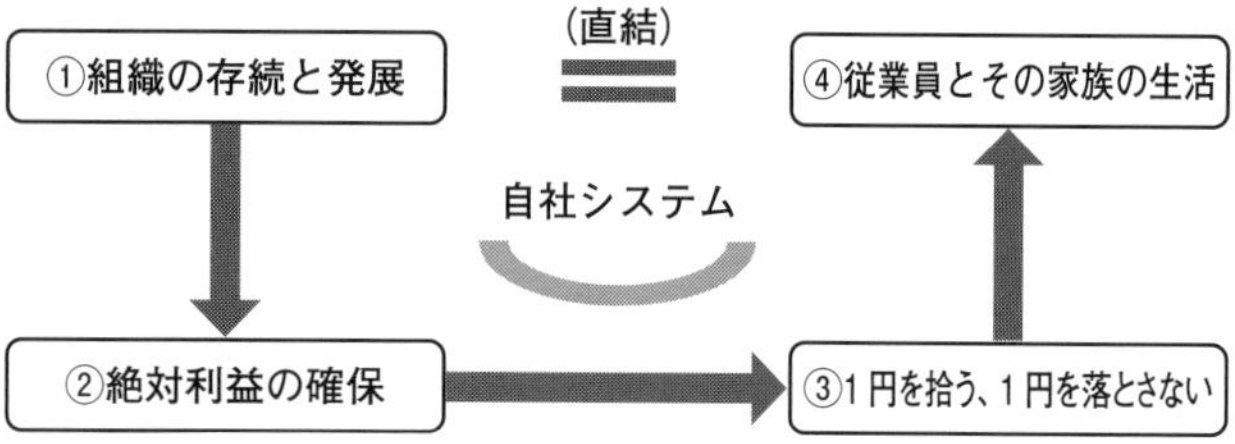

①組織の究極の目的は「組織の存続と発展」
②そのためには「絶対利益の確保」が必要
③絶対利益の確保のために「5S 活動」を行う
④確保した利益は従業員とその家族の「生活」を支える

図表6　組織の究極の目的(Right Cycle)

れることがありますが、中小企業の場合には誰も助けてくれません。必死になって日々の業務に励まなければならないのは、絶対利益を確保するという理由からなのです。

そして、その絶対利益を確保するために「1円を拾う仕組みの5S活動」「1円を落とさないための5S活動」が存在します。実はこの部分が、5S活動が継続できるか、その後も維持できるかの分岐点です。多くの組織が「社長がやれと言っているのでやっている」という受け身の活動や利益に直結する活動であるという意識のないままに動いているので、活動が停滞したり場合によっては消滅してしまうのです。

最後にその活動で獲得したお金は、従業員たちの生活に還流します。生活とは、その組織に属している人たちだけではなく、その人たちの配偶者や子ども、親などという家族の安心のことです。つまり「組織の存続と発展」は自分たちの生活と直結しているのです。この循環のことを「Right Cycle（正しい流れ）」と呼んでいます。そしてこの流れは、言葉で説明しても組織には浸透しません。5S活動というプロジェクトを通してしか、全社員には理解されないのです。

5S活動は人材育成を兼ねる

「なかなか人が育たない」という経営者の嘆きをよく耳にします。背景にあるのは、コンプライアンスが厳しくなったため、昔のように若い時期から責任者としてビジネスの最前線に投入できなくなったという状況があります。

昔は社会に余裕があって、若者の少々のヘマに対して散々怒鳴り散らされたあとに「まぁ若いからしょうがないか。今度からは気をつけてくれよ」などというある意味の優しさがありました。

しかし、今は違います。若者が失敗した際に「お宅はこの程度なのですか」という一言とともに信用をなくし、時には訴訟問題にも発展しかねません。それが怖くて、組織は若者たちになかなか責任者としての実戦経験を積ませられません。

昔なら3年で一人前と言われていたのに、現在は5年たっても半人前、場合によっては10年でも一人前とは言えないような従業員が少なくないのです。そして、それを見ているベテランたちが「俺たちのころは……」と、若者たちを見下したような発言をして若者たちのやる気を削いでいる風景が重なり、ますます人が育っていかないのです。

また、社会が複雑化して業務の専門性が増したため、組織の全体像が見えにくくなっています。営業は営業、経理は経理、製造は製造、販売は販売というセクショナリズムが色濃くなって、各セクションに「透明なアクリル板」を立てたような閉塞感が漂っています。興味があるのは自分の業務だけ、関心があるのは自分たちの部署だけという傾向は、世代にかかわらず強くなっています。以前ならば「オールラウンダー」的な動きが組織の中にあって、その中から組織の全体を見渡せる人材が育ってきていたのですが、最近では難しくなってきています。

業務からだけでは人は育ちません（第3章「業務と仕事」、コラム2参照）。組織を横断した視点や組織を俯瞰する視点が、日常の業務の中にはないのです。本気で人を育てようと考えたら、組織の中で「プロジェクト」を興し、そのプロジェクトに期待する人材を送り込むことです。

業務はキャリアが問題になりますが、5S活動や利益管理活動は組織内のことなので、失敗することや転ぶこと、場合によっては個人的にへこむことも許されます。

逆に言えば、失敗したことのない人間やへこんだことがない人間は、人の上に立って組織を引っ張っていくような能力が発揮できないのです。

いくら研修会に参加させても資格を取らせても、それが組織運営や経営に資するとは限りません。組織にとって重要な統率力や調整力は、プロジェクトを通して培われます。

私は、5S活動のリーダーやメンバーになって見違えるように変化した人たちを見てきました。30代の課長たちが世代が違う部長たちを凌ぐほどの経営感覚を身につけたり、工場の若手社員が営業幹部に対して組織の課題を指摘したり、女子社員が会議の席で上司たちのだらしなさを理路整然と指摘した場面などにも立ち会いました。業務の中では決してできないことを、彼らは活動の中から学び、組織に貢献する行動に結びつけたのです。

5S活動には、単なる業務改善や生産性向上に加えて、人を育てるという、組織における本質的な目的を達成するプロジェクトでもあります。

5S活動で組織課題が露呈する

組織にはさまざまな課題があります。しかし、多くの組織では日常業務に追われてなかなか明確にすることができません。ところが5S活動は理論や理屈ではなく、実践しなければならない目に見える活動なのでその組織が持っている根本的な課題が露呈します。

《組織課題の例》

・集まりに遅刻者が続出する
・集まりに欠席者が多い
・表立っては言わないけれど陰で悪口を言う
・各部門間でばらつき（温度差）がある
・利益に関してまったく無関心である
・組織の一員であるという自覚がない
・役職者が自分の役割を理解していない
・積極的な人たちの足を引っ張る
・愛社精神のかけらもない
・会社の悪口を平気で口にする
・経営者に経営者としての自覚がない
・会長の意見ですぐに組織が萎縮する
・社会人として通用しない人間がいる
・組織人としての教育ができていない
・すぐに「辞める」などと発言する

・仲間意識が薄い　など

５Ｓ活動を実践するとこうした組織の弱点が随所に現れてきます。

「なぜ離職者が多いのか」

「なぜ利益を確保できないのか」

「なぜコミュニケーションよく働けないのか」

「なぜ健全な組織として、社員たちがイキイキと働けないのか」

それは、今まで組織課題に蓋をして見ないようにしてきたからです。役職者やベテランに遠慮をしてしまい、前に進められなかったから今の環境があるのです。

５Ｓ活動はストレートに組織を動かす活動です。組織の将来を考えたときに、妥協できないラインが見えてきます。絶対利益管理は組織存続の生命線であり、課題が噴出するということは、活動が正常に機能している証拠です。

５Ｓ活動は、ある意味、従来型の組織との決別活動でもあります。右肩上がりの時代の受け身の仕組みや意識と決別し、新たな時代に向かうべき組織体制整備活動でもあるのです。

中小企業でルールが守られない理由

多くの経営者から「決めたことが守れなくて困っている」という相談を受けます。中小企業においてルールが守られない理由は大きく分けてふたつあります。

ひとつは「明文化に関する誤解がある」という理由です。多くの組織では暗黙の了解で日常業務をまわしています。決まりはあるのだけれど、それが明文化されていない場合が多いので、人や世代によって勝手に解釈されてしまい、しまいにはどこかに決め事が消えてしまっているという経験はないでしょうか。

では、きちんと明文化すればよいかというと、そうでもありません。ISO（国際保証）認証企業などにはマニュアルや規定などがあるはずなのですが、誰もそれを読んでいない、というとんでもない現実があります。少なくとも認証企業には30ページ、組織によっては100ページを超える文書を備えているはずなのですが、組織に所属している人たちがそれを読んでいないのです。

これは、ＩＳＯを指導したコンサルタントに問題があるのですが、一つひとつの規格要求事項が、クライアント先組織のどんな業務や仕組みに関係しているのかを理解させず、同業種のサンプルマニュアルを部分的に書き換え、安易に導入させてしまっているからです。

さらに、業界の特質や企業の特性を理解していないコンサルタントも少なくないので、現場にいる人々に浸透するはずもありません。ひたすら『サーベイランス』という認証機関の定期審査のためだけに、無駄に時間をかけている場合もあります。

もうひとつの理由は「決めたのだから守れ」という、業務命令的な押しつけにあります。組織が定めたルールなので、本来守らなければならないのは当たり前なのですが、実際そのルールを決めた背景が明確でなければ、組織にとっては押しつけになります。

例えば、ＩＳＯのさまざまな決め事は規格要求、すなわち外部要求です。自分たちで本当に必要だと思って決めたものではありません。したがって、組織の人たちにとっては余計なことだと思われてしまいます。そんなルールが、自分の会社で守られるわけはありません。

では、どのようにルールを守らせればいいのでしょうか。

それは一度、組織課題をテーブルの上にあげて、組織に何が不足しているのか、どの部分に不手際があってうまく機能しないのかを明確にして、ルールを作り直せばいいのです。そのときに重要なことは「優先順位」と「シンプル表現」です。

実は、組織において発生するさまざまな課題の根本的な原因は、そんなに多くありません。事象や現象としてはたくさんあるように見えても、原因はいたってシンプルです。

・コミュニケーションがうまくとれていないことによる課題
・利益に関する認識が欠けていることによって発生している課題
・自分たちは専門家だという職業人としての自覚不足により起こっている課題
・社会人や組織人としての常識がないことによる課題
・組織の将来像を共有できないために起こっている課題

職種や業態によって少々違っているかもしれませんが、中小企業において発生している課題の原因はこうしたものの複合にあります。

ある組織で、組織で問題であると思うことを箇条書きにしてもらったところ、およそ120項目出てきました。それを前述のようなカテゴリーに分け、その中の重要だと思われる上位3項目の改善を進めたところ、その下にあった細々とした課題が自然に消えてしまいました。つまり、上流の課題が解決すると、その下の課題はなくなるのです。

5S活動を実践すると、組織の中からさまざまな不協和音が聞こえてきます。それぞれに対応するのは大変なことですが、優先順位を決めてシンプルな上流ルールを決め、その背景を伝えれば組織は実に機能的に動き始めます。

ルールの文書量はA4サイズ用紙で2枚程度にまとめるのが理想です。この分量ですと、A4サイズ用紙の両面に印刷をすれば1枚に収められ、コンパクトにまとまっているので読むほうも理解しやすいのです。

ルールに関する詳細は第2章で説明しますが、5S活動の中の「躾」とは、こうして自分たちの活動から出てきた課題に対して真正面から向かい合い、自分たちの言葉でルールを作り、それを全員で守っているという状態のことを言います。

「駄目なものは、駄目！」と言える組織

現代の組織で起きていることと、5S活動（プロジェクト）が組織にとって必要であるという話を書いてきました。背景には従来の考え方ややり方では組織をうまく回せなくな

くなってきているという大きな時代変化があります。

しかし、どんなに時代が変わっても、人間が組織を動かしている以上「本質」は変わりません。

大切なことは、自分たちの価値観に照らし合わせたときに、「駄目なものは、駄目！」と言い切れる強さを持っているかどうかです。社会人として、組織人として、目的や目標を共有した人たちを本気になって育てなければなりません。

さて、どの時点で時代にあった組織に変わりますか。もし変わりたいと思ったら、５Ｓ活動の実践をお勧めします。絶対利益と結びついた５Ｓ活動は、間違いなく組織を変えます。肝心なことは、経営者が本気になって変化することを決意することです。それさえできれば、あとはきちんと手順を踏んで活動に踏み出せばいいのです。

すでに多くの企業が、５Ｓ活動をきっかけにして変貌を遂げました。絶対利益の追求を始めて、利益体質を自ら変えていきました。

みなさんも、ぜひ覚悟を持って、恐れずに変化していただきたいと思います。

第 2 章

5S活動　実践編

準備活動

5S活動に取り組もうと決断したとき、何から手をつければよいでしょうか？

片付け？　掃除？　表示？

いろいろとイメージはあるかもしれませんが、5S活動は組織全体の仕組みなので「点」で考えてはいけません。5S活動で失敗をするのは「大掃除の巨大版」というイメージで取り組んでしまうからです。とにかく片付けて清掃すればいいのだろうと思い込んで、それで終わるケースです。

たいていの大掃除は3週間で元に戻ります。念入りに行ったつもりの年末の大掃除だったのに、年が明けてしばらくすると以前の状態に戻ってしまう、という姿を多く目にします。それは大掃除という視点で考えてしまい、とりあえずという「点の活動」で終わらせてしまったからです。

何度も申し上げるように、5S活動は仕組みづくりです。それぞれの要素を理解して、丁寧に手順を踏んで仕組みを組み上げる必要があります。そして、一度組み上げてしまえば、その時々の自社の状況や環境が最適になるように修正が可能なので継続することができます。「点」ではなく、手順を踏んで5S活動を始めましょう。

何事も準備は大切です。当然、5S活動でも準備が重要です。準備が不十分だと単なる大掃除の巨大版で終わります。時にはポスターを張り出しただけで終わってしまっている組織もたくさんあります。そうならないために、きちんと準備をしましょう。

目的なき活動の失敗事例

「5S活動を行えば組織が活性化する」というのは本当のことです。時には大きく利益が動くこともあります。以前より仕事がやりやすくなることも間違いはありません。しかし、漠然と5S活動を行えば会社がよくなるという評価は的を射ているとは言えません。

5S活動は、世代や価値観が異なる人たちのいる組織で行う活動です。この活動がどういう目的があるのかを決めなければ、歩調や気持ちを合わせて進むことはできません。この部分が曖昧だと、「誰かがやるんだろう」「俺は（うちの部署は）関係ない」「そこまでやらなくてもいいだろう」という、消極的な空気を生み出してしまいます。

そして、何よりも目的が明確でなければ、誰を活動のリーダーやメンバーに選べばいいのかが決まりません。活動の目的によって人選が変わるからです。

以前、漠然と「生産性の向上」を目的に掲げながら、実際に選ばれた人たちは若手だけだったという組織があります。請求書の作成手順も各部署のつながりも知らず、社歴や以前の仕組みも知らない人たちだったため、「大掃除」で終わってしまいました。

また、ある組織では「全社一丸」を目的にしながら、総務系、営業系の人をひとりも選ばず、生産ラインの人たちだけに任せたため片寄った活動が続き、結果、部署間の温度差がさらに深まってしまいました。

「コミュニケーションの向上」をテーマにしたのですが、部長クラスだけでメンバーを選抜して失敗してしまった組織もありました。部長たちがメンバーなので、従来の業務命令として5S活動を行ってしまい、一向に思ったような効果が現れませんでした。

職位の高い人たちだけで進めると「やらされ5S活動」になってしまい、組織が疲弊する場合もあるという事例です。

目的設定とそれに応じたリーダー・メンバーを選ぶ

では、今から始める5S活動の目的は何ですか？
これは組織によってさまざまです。

《5S活動の目的の例》

・生産性を上げたい（利益拡大）
・組織内のコミュニケーションをよりよくしたい
・社員の意識改革を図りたい
・人材育成の機会にしたい（幹部育成）
・世代交代を促進したい
・競争力を上げたい
・品質向上を図りたい　など

5S活動は全社で取り組む活動なのでどんな目的でも大丈夫ですが、その目的に共感できることが大切です。社員たちが「そうだな」と感じる目的でなければ積極的に動きません。

目的が決まったら、その目的に応じたリーダー（活動責任者）とメンバー（活動推進者）を選びましょう。

・リーダー（活動責任者）

5S活動の全体を統括し、絶えずメンバー間や経営者とのミュニケーションを図る人です。活動の工程や予算に責任を持ち、全社への活動報告や進捗状況を発信します。また、さまざまな片付けや再配置・表示などという実際の社内イベントを主催します。

・メンバー（活動推進者）

各部署や各世代から選ばれた活動を推進する人です。必ずしも部署のトップである必要はありませんが、部署の特質や業務の流れをある程度理解している人がよいでしょう。

5S活動に関わるイベントの実施や部門内への周知などを行います。

リーダーは役職上位者である必要はありません。中堅や若手でもかまいませんが、責任感の強い人、組織の将来を経営者とともに考えられる人がよいと思います。実際に活動を進めていくと、考えもしなかった組織課題が浮き上がってきたりします。そのときにメンタルが弱かったりすると、現場の声に押されてしまい、前に進めなくなってしまう可能性があります。

メンバーは組織の全体像を考えてバランスよく選びます。各部署や各世代から選び、選出されない部署がないようにしましょう。もし、遠方の営業所などから選出できない場合は、各営業所の事情をわかっている人を必ず選出しましょう。

リーダーやメンバーに目的を伝える

活動の目的が決まったら、メンバーやリーダーたちに選出理由を「直接」伝えましょう。つまり、関係者間で目的を共有するということです。全社的な活動を行うにあたって、経営者や経営幹部の意気込みとバックアップ体制がメンバーたちに伝わっていなければ、彼らは自信を持って組織にアプローチできません。仮に活動が行き詰まった状況になったとしても、活動の原点がはっきりしていると活動がブレません。

経営者が自ら大声を上げて組織を鼓舞するのではなく、リーダーやメンバーが一つひとつのプロセスを自ら考えさせることが大切です。コンサルタントが決めたことではなく、自社の現状やレベルを理解した人たちが考えた活動になるので、組織の他の人たちにも理解されやすくなるのです。

5S活動では、この「目的設定」「リーダー・メンバーの選出」「目的共有」が、経営者としてもっとも重要な仕事になります。

必ず「キックオフ」を行う

目的とメンバーが決まったら、日にちを決めて「キックオフ」を行いましょう。

キックオフとは、組織全体に5S活動を行うという「活動開始宣言」のことです。普段の会議などでサラリと5S活動のことに触れたとしても、社員たちにはさっぱり理解できません。その程度の通達では「この忙しいときに余計なことをさせるのか」という雰囲気になってしまうのが関の山です。

そうした従来の意識を一新するためにキックオフを行います。

キックオフで気をつけておかなければならないのは全員を集めるということです。社員だけではなく、嘱託・派遣・アルバイト・パートの人たちまで全員を集めましょう。できれば、遠方の営業所の人たちも参加させましょう。社員だけを集めて行うと、その他の人たちは「自分たちは関係ない」と思い込んでしまい、文書などで通達しても、リーダーやメンバーに選ばれた人たちだけがやるのだと誤解します。多くの組織で5S活動を全社活動として展開できなかった理由の中に、このキックオフの意味を理解せずにスタートしてしまったことも挙げられます。

ある組織では、参加できなかった社員やパートの人のためにキックオフをDVDに収め、DVDを見ることで活動の目的を共有しました。別の組織では、遠方の営業所のためにインターネットで会場をつなぎ、共有を図りました。キックオフはそれほど大切なイベントなのです。

自社の「全員」を一度定義してみましょう。会長や会長夫人は含まなくてもいいですか。重要な協力会社やグループ会社のトップに5S活動を理解してもらう必要はありませんか。どこまでが「全員」なのかを考えてキックオフに臨みましょう。

5S改善活動キックオフ

キックオフの注意点

キックオフでは式次第を作り、司会も立てましょう。キックオフの流れは次のように行います。

①開会宣言
②社長の決意表明（目的の全社共有）
③5S活動の概要説明（DVDなどを活用する）
④リーダーとメンバーの紹介と各自の決意表明
⑤専務など経営幹部の支援表明
⑥閉会宣言

大切なことは、全員で取り組む全社的な活動であることを周知させることです。中には「こんなことをやったって」と始めから抵抗する人がいる場合もありますが、最初に組織的活動であることを宣言することは大切な意味を持ちます。

5S活動の工程表を作ろう

みなさんは、「会社でなぜ決められた日に給料がもらえるか」という理由を考えたことがありますか。給料がもらえるのは、支給日が決まっているからです。

「○日に給料を支払うと組織が決めているから、○日までに給与計算を終えなければならない。だから、残業の集計を○日までに済ませておかなければならない。よって各部署は○日までに……」

つまり、支給日から逆算してさまざまなイベントが決まってきます。

5S活動も同様に「完了予定日」を決める必要があります。3カ月後あるいは5カ月後までに完了するという日にちを決めなければ活動の予定は立ちません。

「暇になったら5S活動をする」という、漠然とした工程のイメージの活動はいつの間にか消えてしまいます。これも、5S活動に取り組みながら形にできなかった失敗の原因のひとつです。

工期のない工事はいつまでも終わりません。納期の決まっていない製造や出荷はいつまでも完了しません。5S活動も完了予定日を定めておかないと活動が停滞します。

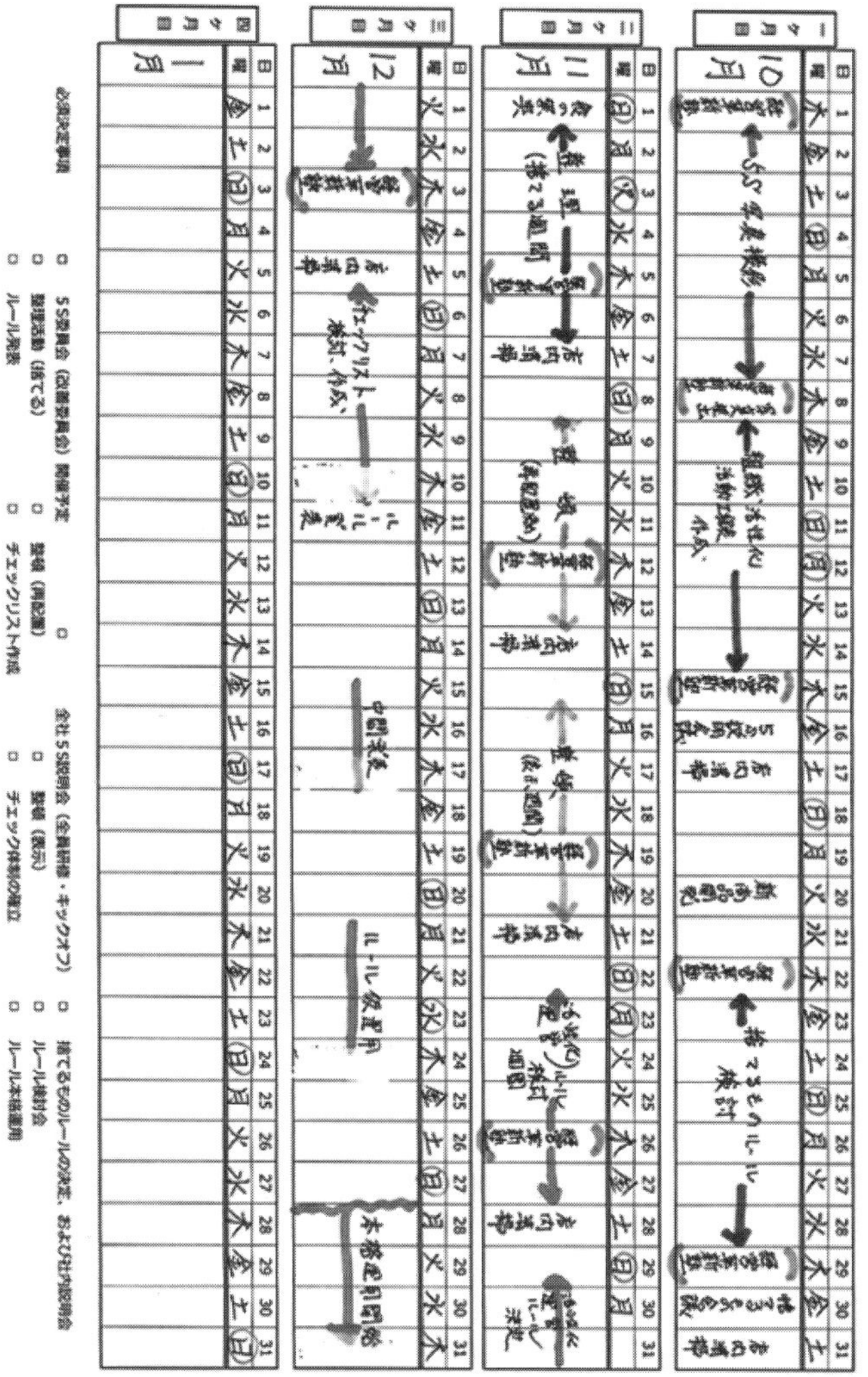
必須決定事項
5S活動会（改善委員会）開催予定
整理活動（捨てる）
ルール決定
整頓（再配置）
チェックリスト作成
全社5S説明会（全員研修・キックオフ）
整頓（表示）
チェック体制の確立
捨てるものルールの決定、および仕分け説明会
ルール検討会
ルール本格運用

図表7　工程表の一例

5S活動会議の発足

改善工程表は、リーダーやメンバーの定期的な会議で検討しましょう。活動予定の決定や修正を行い、話し合った内容は必ずリーダーを通して経営者へ報告します。全社活動ですからこれも重要な活動ルールだと思ってください。

また、5S活動の会議の名称を決める必要があります。「5S会議」「組織活性化会議」「5S委員会」など自社で決めればいいのですが、名称がはっきりと決まることで社内への発信力が強まります。事例としては『利益倍増委員会』『(組織の将来を)担う会』『このままで委員会』などというユーモラスなものもありました。

《準備活動のまとめ》

1　経営者が活動の目的を決定する
2　目的に沿ったリーダー・メンバーを選出する
3　リーダー・メンバーに、経営者が直接目的の意義を伝える
4　自社の「全員」を定義して「キックオフ」を行う

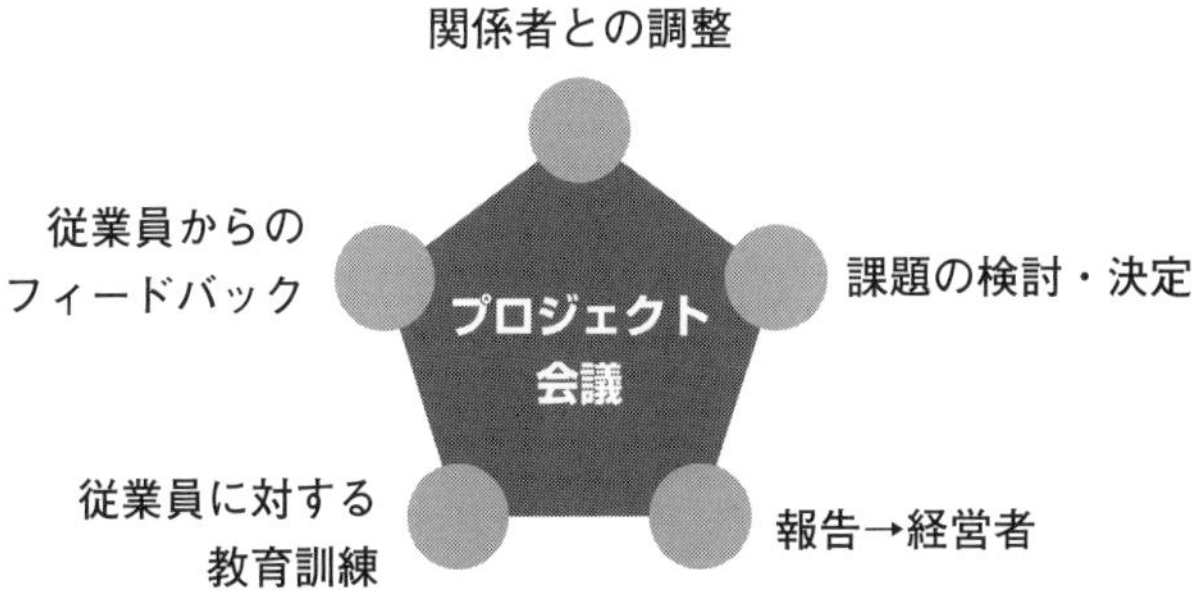

図表8　5S活動会議のコミュニケーションイメージ

5　活動会議の名称を決め、定期的な会議の中で活動の工程を決める
6　会議の内容を必ず経営者へ報告し、進捗や予定の共有を行う

5S活動は「2S＋2S＋1S」に分解して理解する

5S活動は「2S＋2S＋1S」と分解して仕組みを構築します。つまり「整理・整頓」＋「清掃・清潔」＋「躾」となり、この組み合わせで活動を進行させていきます。

今まで5S活動に取り組んでうまくいかなかった組織は、5つの要素をバラバラな点の活動として捉えていた可能性があります。

5S活動は、要素をグループ分けして理解

をして、段階を追って完成を目指していきます。

例えば、「整理・整頓」は目に見える形での変化を組織の人たちに知らせ、「清掃・清潔」で日常の動きの中に組み込むことで単なる片付けではない習慣づけを行います。そして、躾で外部に対して変化を発信し、周知させます。このような流れで5S活動の仕組みづくりは完了します。リーダーやメンバーには、こうした全体像の理解がまず必要です。

わかりやすく言えば、

2S「整理・整頓」……体を使ったパワー系要素

2S「清掃・清潔」……日常活動を見直す改善＝仕組み構築要素

1S「躾」……外部に認められるための教育・訓練要素

ということになります。

整理活動

5S活動で用いる「整理」という言葉は、通常の意味とは少し異なります。

一般的に整理とは「乱れているものを揃え、整えること」と理解され、机の引き出しを整理する、倉庫を整理するなどという使われ方をします。

しかし、5S活動では「乱れている」という意味も「整える」という動作にも「個人差」があることを前提にしています。

整理とは「不要なものを捨てる」ことです。

さて、会社の椅子に座って、あるいは工場の中や倉庫の入り口に立って、しばし気持ちを落ち着けて風景を眺めてみてください。「整理されているかいないか」ではなく、そこにあるものが組織の活動において「必要なものかどうか」を考えます。そこから、捨てるものの基準を決めていきましょう。

▼捨てるものの基準を決めよう

整理は、組織内で統一した見解が必要です。部門間や支所営業所ごとで基準がバラバラな捨て方では5S活動とは言えません。長く使用していないカタログや図面、古い事務機器など、それぞれに廃棄基準を定める必要があります。

例えば、「3年以上前のカタログは全部捨てる」「使っていない機器機械を処分する」という思い切った決め方が大切です。

私がコンサルティングの現場でお伝えしている3つの基準があります。

①3年以上使わなかったもの
②私物
③今回でなければ捨てられないもの

この3つを前提に踏まえて基準を決めてみましょう。

(注) 財務関係等法定要求のあるものについては留意してください。

捨てるもの基準の事例

古いカタログ・古い図面・古い書類・古い見積書・使えない文具…

使えない工具・複数の道具・壊れた機械・切れたコード・使うあてのない材料・規格に合わなくなった計測器・壊れた検査器械…

机の中のもの・もらい物・不要な棚・不要なケース・誰も読まない本・使わない黒板…

古いパソコン・古いプリンタ・古いディスプレイ・フロッピーディスク・使わないCD…

用途の分からない備品・担当者からの引き継ぎ書類・所有者の分からない私物…

誰も見ない表彰状・組織にそぐわない置物・社長の趣味の物…

捨てるもの 基準

株式会社　○○○○
責任者　　戸敷進一

全部署共通	
□□□□□□□□□□□□□	5月下旬
□□□□□□□□□□□□□	5月下旬
□□□□□□□□□□□□□	5月下旬
事務所	
□□□□□□□□□□□□□	5月下旬
□□□□□□□□□□□□□	5月下旬
□□□□□□□□□□□□□	5月下旬
倉庫	
□□□□□□□□□□□□□	5月下旬
□□□□□□□□□□□□□	5月下旬
□□□□□□□□□□□□□	5月下旬
資材置き場	
□□□□□□□□□□□□□	5月下旬
□□□□□□□□□□□□□	5月下旬
□□□□□□□□□□□□□	5月下旬

〈捨てるもの基準の要素〉
・捨てる基準を明示
・必要に応じて例外も設定
・具体的な期限と行動を明示
・責任者名

図表9

▼「赤札・青札・黄札」を活用しよう

組織には、さまざまな不要なものがあふれかえっています。しかし、日常の慌ただしさの中でそれを確認する機会がありません。もう使わない資料や古いカタログなどがいたるところに眠っています。使えない文具やＯＡ機器もあるかもしれません。何よりも、利益の源泉であるはずの資材などが不良在庫化してしまっていることも珍しいことではありません。中には帳簿上資産として記載してあるものもあるので、勝手に廃棄するわけにはいきません。それが積み重なって不要なものが蓄積されています。

５Ｓ活動の整理では、そのような漫然とした状態を見直します。そして、活動会議や各部署で捨てるものの基準を決めたら「赤札・青札・黄札」を貼ってみましょう。「赤札」は廃棄していいもの、「青札」は移動したいもの、「黄札」は自分たちでは判断できないので、責任者に決めてもらうものという意味です（91ページ参照）。

札の貼付後、部門の責任者や経営者とともに、その札の意味に応じて最終決断をします。自分の価値観では不要なものだと思っていても、立場が違えば判断が違います。原則としては「捨てる」という観点から活動を行いますが、その意味やプロセスも全社で共有しましょう。

（黄札）　（青札）　（赤札）

「廃棄」「移動」「検討」の札をそれぞれ準備する。対象物に貼っていき、みんなで話し合いをする。

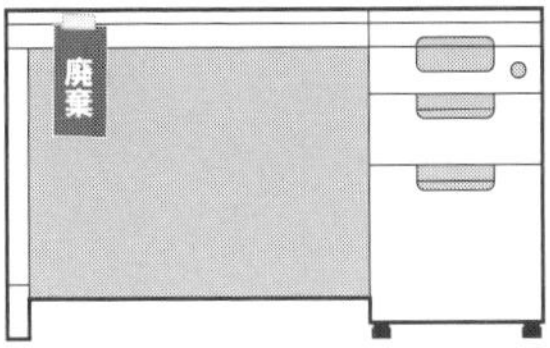

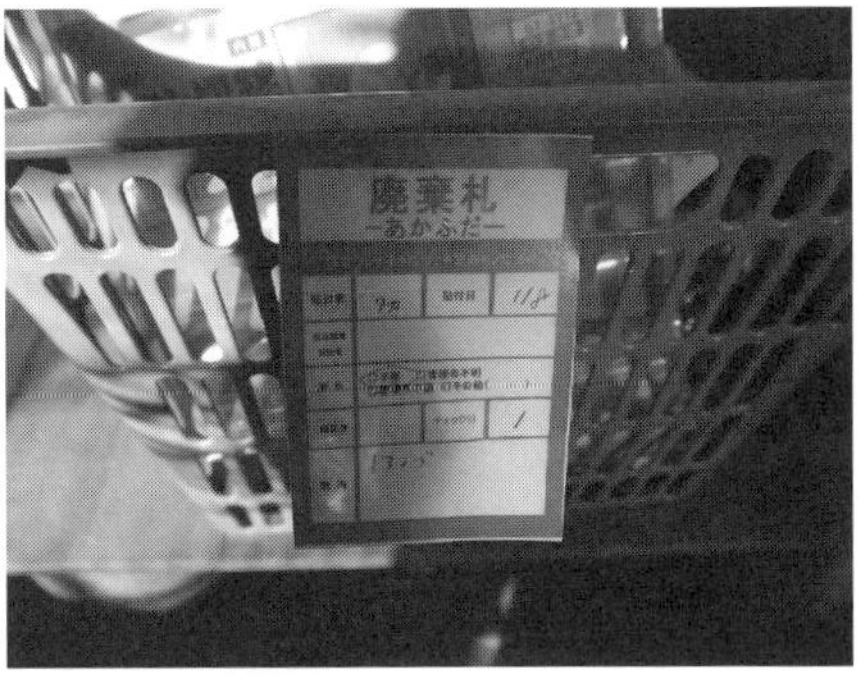

札を貼った一例

整理活動前の状態

整理活動後の状態

▼整理の精度が5S活動のレベルを決める

業種や事業規模の違いにかかわらず、この整理の精度が活動の成果を決めます。

事業規模にもよりますが、多くの会社でトラック何台分という不要なものが出てきます。今までで一番大量のものを捨てた企業は大型ダンプトラック42台分でした。普段の整理や大掃除とはスケールが違いますね。

5S活動を始める前の在庫の棚卸額が1億8000万円であった建材会社は、現在売上を伸ばしながら3000万円まで圧縮しています。硝子施工・販売会社は当初5000万円あった在庫が現在700万円です。もちろん売上は伸びています。こうした結果も、5S活動の最初の活動である整理の精度が高かったからです。

この整理活動の精度が、5S活動の「レベル」を決めます。

整頓活動

▼業務効率と直結する整頓活動

整頓とは、辞書によれば「物事を整った状態にすること」です。なんとなく、わかったようなわからないような不思議な表現です。「整った状態」というものが、いったい何のことなのかよくわかりません。整った机とは何もない状態であったり、必要なものが並べられてすぐ使えるようになっている状態であったり、書類を広げてすぐに作業にかかれる状態かもしれません。しかし、5S活動は組織の活動なので、この状態では整頓したことにはなりません。

整理により不要なものがなくなると、その分スペースができます。不要なものが消えたことによるスペースの拡大にしたがって再配置を行います。つまり、机の位置を変えたり、つい立てを外したり棚の位置を変えたりと、そこで働く人々がもっとも動きやすい、つまり、業務の効率を考えてレイアウトにします。工場や倉庫ならばラインを引く、あるいは新しい棚を取り付けます。

そして、それが終わったら、誰が見てもわかるように表示をします。表示の原則は、新しくその組織に入った人でもひと目でわかることです。

では、働きやすいように再配置をして、誰もが見てわかるように表示をしましょう。

これが5S活動の「整頓」です。そしてこのプロセスで、不要なものを捨てた整理と整頓がようやくつながってきます。

▼再配置図を作ってみる

再配置図とは、その空間の目的に合わせ、効率よく動けるように人とモノの位置関係を図面に書き起こしたものです（96ページ参照）。

机上で動きや空間や動線をシミュレートして再配置図を作ることは、作業効率のよい環境を作るために必要なプロセスです。従来の考えでは、単に置く場所の有無だけでモノを置いていましたが、5S活動では効率性・機能性を第一に考えて、リーダーやメンバーが事前に総合的に検討します。

新たに必要な備品（棚・書庫など）が出てきた場合は、この段階で予算化して社長の承認を得たほうがよいでしょう。

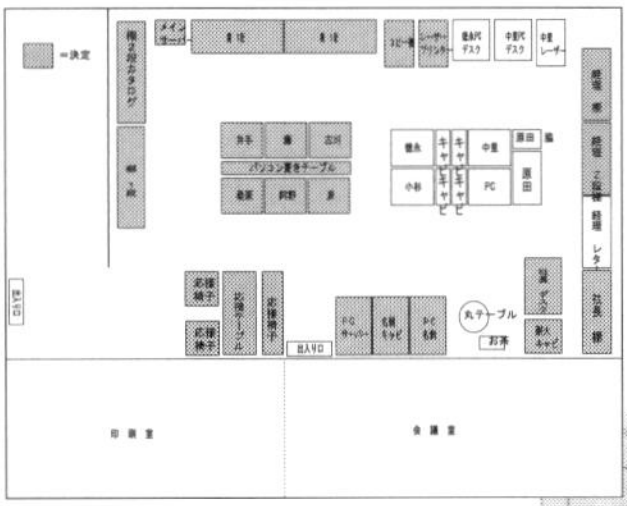

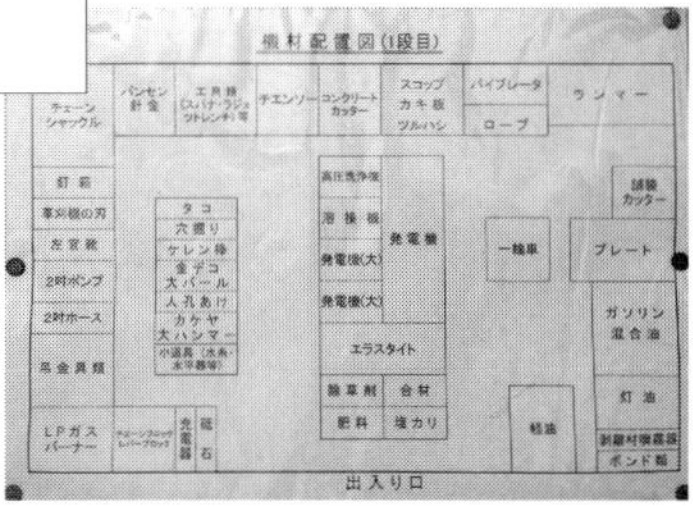

再配置図の一例

《事務所再配置の注意点》

・「動線」の確保が重要です。誰かが座っていても通れる環境を確保します。

・通路にはものを置かないのが5S活動の原則です。

・書類は原則として横置き禁止です。

・来客者目線を持った再配置が大切です。

《工場・倉庫・資材置き場の再配置の注意点》

・作業プロセスを考慮して工具、材料の置き場を再考します。

・「安全通路」「作業スペース」などのライン表示も再考します。

・例え工場でも、来客者目線を持ったカテゴリー分けを、再配置図の作成時に考察します。

▼表示が組織の意識を大きく変える

整頓活動を考えるとき大切なことは、モノの移動が終わったあとに必ず表示をすることです。

表示の基本は「誰が見てもわかる」状態にすることです。「誰が見てもわかる」ということは、ベテランや正社員だけではなく、新人・パート・アルバイトの人たちまで迷うことがなく目的の場所までたどり着けるということです。従来型の考え方では「私はわかっているから大丈夫」「そこまで細かくやらなくてもいいじゃないか」と油断をしている部分です。

実は、この仕組みがないために生産性が上がっていないのです。この表示活動は、次の「清掃」に密接に結びつきます。決して手を抜いてはならないものであると理解してください。

次ページはさまざまな表示事例の一部ですが、一見してどのように感じるでしょう。事例でわかるように整頓という活動には、先々の自分たちの「作業効率」「安全」「管理体制」までも予測した全体的な視点が必要です。

整理によって不要なモノがなくなった段階で、再配置について再配置図などを元に考察します。これは、単に部署だけで考えるのではなく工場長・生産本部長・管理部門や、場

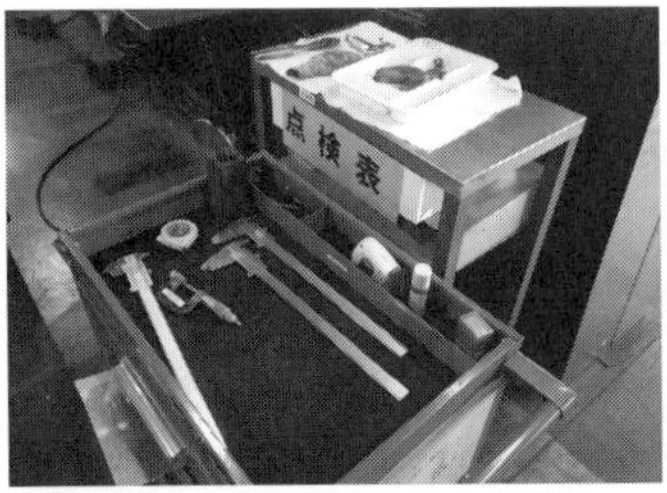
点検表

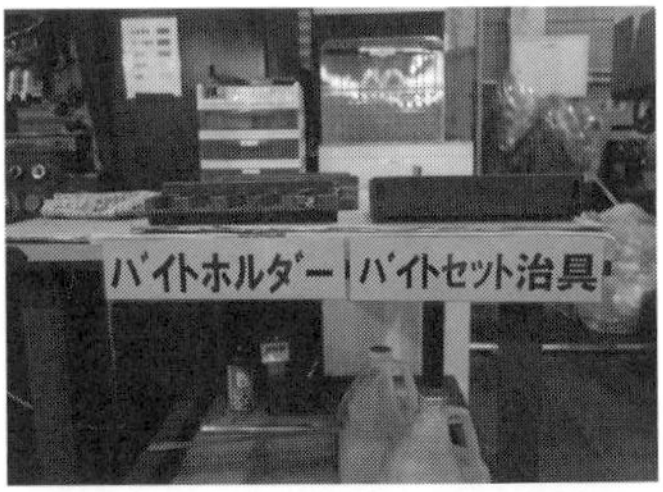
バイトホルダー
バイトセット治具

作業台車
R3-FO用

作業台車
責任者
R3-ML用

FAN1796ZMN 1枚
FANA1960ZMN 1枚
SW-2533ZG 1枚
FJ-819ZN 2枚
アイカ その他

発注ライン

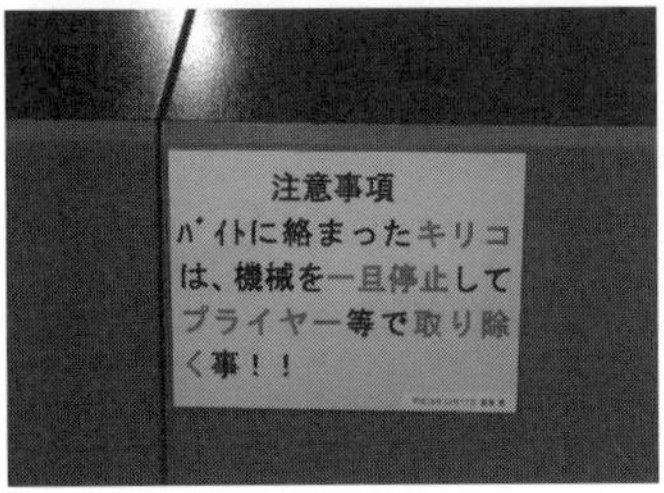
注意事項
バイトに絡まったキリコ
は、機械を一旦停止して
プライヤー等で取り除
く事！！

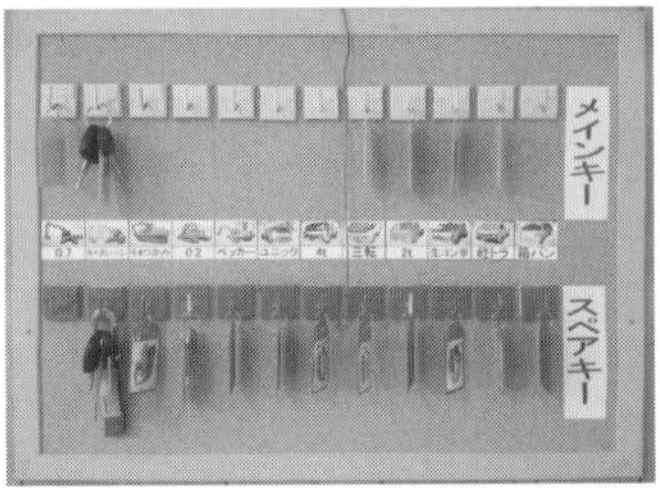
メインキー
スペアキー

合によっては経営陣を巻き込んだ考察になります。最終的に、労働環境を整え、効率を向上させる活動なので、丁寧なプロセスが求められます。道具の置き方、材料の置き場、書類の使用頻度、通路や安全の確保、在庫管理などを念頭にこの活動を行います。

5S活動は仕組み（システム）なので、各要素につながりがあります。この整頓の目鼻立ちが付くことによって、次の「清掃」活動が始まります。各要素のつながりを充分に理解してください。

▼組織課題が噴出する

さて、この整理・整頓というふたつの活動を行っているころに、多くの組織では「組織課題」が顕在化してきます。元来組織が抱えていた弱点がいっぺんに噴き出します。弱点とは、その組織が潜在的に抱えていた組織課題のことです。

組織によって、程度も内容も多様ですが、実はこの組織課題の噴出が5S活動の凄みなのです。普段の業務からだけでは見えない課題は、組織の風土や成り立ちから来る組織の弱点です。

▼活動会議で課題を見逃さない

5S活動は、組織課題を机上に出し、解決策を練り上げる最高の機会です。そして、その組織課題は後述するルールと教育訓練によって解決の道筋を作ります。定期的な活動会議では、そうした問題を丁寧に記録しておきましょう。これも活動会議の重要な役割です。5S活動の支障になる問題は、その都度解決を目指さなければなりませんが、その背後にある根本的な理由は活動全体を通して改善していきます。

▼問題と課題は別物である

組織でよく使われる「問題」とは現象のことです。苦情発生や部署間の対立、個人攻撃など顕在化している現象のことです。人間の体で例えれば痛みのようなもので、頭が痛い、歯が痛い、腰が痛いなどという症状です。

そのときに行うべきことは「対処」です。体調に関してならば適切な薬を飲んで早く寝る、という対処を行います。組織の中の問題であれば謝る、話し合うという行動で対処します。

しかし、その対処だけでは物事は片付きません。なぜ、そんな問題が起きたかという理由を理解しないと、また同じような現象や体調不良が発生します。つまり、発生原因を追求しなければ根本的な解決には至りません。その根本にある理由が「課題」です。

組織課題とは、すべての問題発生の原因となるもののことです。5S活動の凄みは、それを実際に行おうとするときに、さまざまな問題を引き起こすことにもあります。組織で問題が発生するのは、組織に課題があるからです。5S活動では、整理・整頓という初期プロセスの段階で見事に組織課題を浮き彫りにするケースが多いのです。リーダーやメンバーはそのことを理解して、問題が発生しても慌てずに対処していきましょう。

清掃活動

▼5S活動の「清掃」とは

全国の企業をコンサルティングしているなかできっちりと「清掃」の意味を理解している企業はとても少ないです。今まで日常の活動としてのみ捉えていた清掃活動を、5Sの要素として認識し直す必要があります。整理で不要なものを捨て、整頓で再配置と表示ができたあとの清掃は、単に見える部分をきれいにするという単純な行為だけではなく「点検保守」が目的になります。

清掃活動の中で、ものが表示された場所以外に置かれていたら、元に戻すという極めて基本的な行動です。

「一度はきれいにするんだけれど、すぐ元に戻っちゃうんだよなぁ」

この発言をよく耳にしますが、これは清掃を単なる日常活動としてのみ捉えていることの証拠です。「毎日」「毎週」「月に一度」「3カ月に一度」「半年に一度」「年に一度」と、場所によって頻度は違うものの清掃というルールに基づいた点検保守を組織で取り組むことにより5S活動を継続、維持することができます。そして、清掃と清潔の仕組みは連動しています。詳細は後述の「清掃ルール」で解説します。

▼「清掃＝仕組み」として捉える

整理で不要なものを捨てて必要なものだけにして、整頓で再配置と表示を行って働きやすく効率的な職場環境を構築してきました。

実際に整理・整頓が完了すると、組織内の雰囲気はずいぶん変わります。別の会社になったような気配すら漂うようになります。企業にはその年月にかかわらず、創業以来の垢や錆がこびりついています。創業50年の会社なら50年分の、5年なら5年分の垢と錆が溜まっています。その垢と錆を取り除かない限り、今の時代にあった新しい仕組みを作り上げることはできません。清掃は、今の時代に合わせた組織の「点検保守」の仕組みをつくるものと捉えましょう。

▼組織に利益と緊張感をもたらす清掃ルール

「掃除など毎朝やっていますよ」という話はよく聞きますが、念のため窓の桟をなぞってみてくれませんか。汚れていませんか？　目線より高い棚を触ってみてください。埃が溜まっていませんか？　窓ガラスは汚れていませんか？

年に一度の大掃除だけでは追いつかない、現実がそこにはあるのです。

初めて企業訪問をして事務所の応接室に案内されたときや研修室に案内されたとき、埃っぽさや汚れを見かけることが多くあります。ホテルや小売を商売としていながら、その背後のバックヤードは埃だらけ。このギャップが企業の成長や発展を阻害しています。

埃だらけのホテルに泊まりたいと思いますか？　汚れたシートのタクシーに乗りますか？　大事な取引先を初めて応接室に案内したとき、雑然としたソファをすすめられますか？

清掃にも当然ルールが必要です。日に一度、週に一度、月に一度は清掃をする部分や場所を決めて、整然とした気配に満ちた企業にする必要があります。清掃ルールは、「朝一の清掃」だけではなく、企業の貴重な資産である事務所や工場、店舗、車両、機械などを守る「保守」という意味が含まれています。中小企業の5S活動は社内に緊張感を生むために行うものです。特に、以前のような利益が見込めなくなった時代に「資産の保全」は、企業が勝ち抜くために必須のことなのです。

そのために担当部署や担当者を明確に定めて業務として清掃を位置づけ、同時に点検活動を行うことが5S活動の清掃になります。点検活動が行えるようになったら、保守（保全）まで清掃の中に組み込むことです。

タクシーの運転手が車を清掃する際に、「朝一の気楽な掃除」程度の行動ではないことはご存知のはずです。運転手は清掃と同時に、車体の傷、タイヤの損耗、空気圧のチェック、オイルの量、ラジエーターの状態、ハンドルのあそび、バッテリー液の確認、電気系統の異常の有無などを行っています。なぜタクシーの車両が、30万キロも40万キロも走れるのかを考えてみることです。つまり、清掃活動の中に点検・保守という仕組みが組み込まれているのです。

現場で道具がなくなるということはありませんか？　よく故障するということは？　工場でいざ使おうと思ったら、機械の調子が悪くて時間のロスをしたということは？　店舗で在庫していると思っていた商品や材料がなくて慌てたということはありませんか？

この清掃活動で多大なる成果を出した企業を多く見てきました。ある建設系企業では、これまで重機の整備や点検はすべて専門業者に外注していました。以前の仕組みのままで、見積もりも取っていませんでした。しかし、5S活動に取り組んで重機の清掃点検についてルールをつくり、その意味と目的を徹底的に教育訓練したところ、自分たちでできるものは自分たちで点検や交換をするようになり、見積もり条件もきちんと決めるようになりました。その結果、前年2800万円かかっていた修理費が980万円まで下がったということです。この事例から、みなさんは何を学びますか？

清潔活動

「清潔」とは、3S活動（整理・整頓・清掃）の状態を維持することで、「それらの状態を保つ」ということです。では、清潔な状態とはどういう状態でしょうか？

例えば、次のような状態は清潔な状態ではありません。

・埃っぽい
・雑然としている
・空気がよどんでいる
・変なにおいがする

お店がこんな状態であるとき、お客さんはどのように感じるでしょうか。工場内が、事務所内がこんな状態だったらどうでしょうか。

清潔とは、整理ができていない、すなわち3S活動の状態が崩れた際に、すぐに元の状態に戻すことをいいます。整頓ができていなかったらすぐに整頓する、ごみが出たり床が汚れたりしたらすぐに清掃することを意味します。

整理・整頓・清掃がルールを定めてそれにしたがって行動するのに対して、清潔は瞬間的な反応が要求されます。そのためには、箒や雑巾などが手元にあり、いつでもそれを使って清潔な状態を保てる環境が必要になります。

社用車がいつも埃っぽいという企業がありましたが、車内にダッシュボードやインパネを拭く雑巾がなかったことが原因でした。

よく利用するファースト・フード店は、建物は古いのですがスタッフ教育がとてもよくされているようで、あいさつや接客の応対がすばらしいです。セルフサービスで返却されたコップや灰皿を溜めることなく置き場から洗い場へ運び、空席になったテーブルとイスを隅々まで拭いています。まさに清潔感にあふれた店です。

対照的に、その店の近所にある店では、テーブルは前のお客のこぼした水で汚れ、返却口はいつも返却されたコップや灰皿でいっぱいです。ふと見ると、スタッフたちはカウンターの中でプライベートな話で盛り上がっていました。前述のお店より新しい建物なのですが、清潔感が皆無で私はほとんど利用しません。

みなさんの会社や工場や店舗は清潔ですか？　不潔ですか？　埃っぽくなってはいませんか？

清潔というものは、整理・整頓・清掃のように目に見えるものではありません。組織の人間やその組織に関わる取引先や顧客が「感じる」ものです。そのために、仕組み作りの段階で丁寧に組織のあるべき姿を思い描いて活動の中に定着させる必要があります。

清潔な事務所、清潔な工場、清潔な倉庫、清潔な車両などが、清潔な服装、清潔な髪型を導き、5S活動の最後である「躾」に密接につながっていくのです。つまり、この清潔活動を絶えず刺激することにより、組織は階段を登るように変化していくのです。

A4-2 枚のルールが組織を変える

▼5S活動は継続が難しい

整理・整頓・清掃・清潔と4つの要素について説明をしてきましたが、いよいよ運用のお話です。

さて、何かのきっかけで5S活動に取り組んだとしましょう。セミナーで話を聞いて、あるいは他の企業の取り組みを知って、経営者の鶴の一声や5Sを立ち上げて、5S活動を始めたとします。仮に全社一丸で取り組んだとしても、それが1カ月、3カ月、半年と続いていくうちに当初の勢いを失ってモチベーションが下がり、いつの間にか元の状態に戻ってしまった、という組織は少なくありません。

実は、5S活動は立ち上げることより、維持することのほうが難しい活動なのです。

▼シンプルなルールが重要！

5S活動が単なる片付けで終わってしまって継続できない理由は、本章のはじめでも書きましたが、活動の目的が明確でないことにあります。何のために新しい行動を起こすかという目的がしっかりしていない組織では、5S活動が単なる大掃除で終わってしまいます。そのほかに、5S活動がなかなか維持できない理由として「ルールが不明確」という点にもあります。いやいや細かいルールを決めて、壁に張り出して周知を図っている、という組織もあると思いますが、実際に決めたとおりにできているかは、少々疑問が残ります。

組織の仕組み構築においてもっとも重要なことは「シンプル」であるということです。複雑な仕組みはなかなか定着しません。ルールがない、または複雑で煩雑すぎるために「何をしなければならないのか」や「何をしてはいけないのか」がよく見えていない企業も多くあります。よく見えていないために仕組みがぼやけ、精度が悪くなったり品質やサービスにばらつきが生じたりして、もっと得られたはずの仕事や利益を失っているにもかかわらず、失っていることや同規模の同業者と比べて利益が確保できていないことすら自覚できない企業もあります。

同じサービスを営みながら、なぜこれほどまでに利益やプロセスや意識が違うのかと驚くことがあります。同じ業種なのに、なぜこれほど将来に対する取り組みが違うのかと考え込まされることがあります。この違いは、突き詰めてゆくと「組織の中のルールの違い」ということになります。やらなければならないこと、決して行ってはならないことが明確になっている組織は、結論として強いのです。

「会議はいつやるのか」
「原価管理はどのように行うのか」
「人材育成はどのように行うのか」
「新規事業開発は誰がするのか」
「車両管理はどのようにするのか」

これらが明確でない企業に、内部コミュニケーションの充実や利益確保、人材確保、マーケティング、機材管理などができるはずはありません。

そのためにはルールが必要です。それは、誰が読んでも理解できる、組織の従業員が100％守らなければならないシンプルなルールです。

シンプルなルールにするため、前述したようにA4サイズ用紙で2枚以内に収まる分量にします。それ以上のルールは組織の全員に理解されません。理解されないルールは守

店舗活性化ルール

> 全社(店舗)一丸になっていなかったため、まずこの文を入れました。

○○の活性化と地域に必要とされる店舗として「存続」するために、以下のルールを定める。店舗に関係する人々は、本店・テナントに関らず、以下の内容について、真摯に理解し、遵守すること。

> すれ違っても挨拶すらしませんでした。

【全店舗共通ルール】
1．バックルームにおいては、左側通行とする。また歩行メール・ヘッドホーンの使用は禁止する。
2．バックルームにおいては社員・専門店従業員を問わず、必ず挨拶をすること。
3．定められた駐車場以外に車は駐車しないこと。駐車は必ずバック駐車のこと。
4．電灯は「消灯カード」のついているものは必ず消すこと。作業時に点灯した場合は
5．専門店従業員は、入店後、自店に行く際に必ず「名札」をつけること。
6．掲示物を掲示する際は、店長印をもらい、その横に「部署名」「期限」を明示し、掲示期間終了後は速やかに撤去すること。
7．防火扉の前、およびシャッターラインにはものを置かないこと。
(以下略)

> 170台の従業員の車が2ヶ月後にはバックで駐車できるようになりました

> バックヤードの通路には所狭しと掲示物が貼ってありました。誰も見ていませんでした・・(涙)

【事務所ルール】
(略)
【バックルームルール】
(以下略)
7．什器には「使用期間」「責任者名」「部署名」を明記すること。
(以下略)

> 通路に商品が乗った什器類が無秩序に置かれた状態でした。

【レジ周りルール】
(以下略)
2．各レジ担当者は、責任を持って維持・引継ぎを行うこと。
3．店長は「レジチェックリスト」に沿って毎月一回確認を行う。

> お客様から一番見られるレジ周りを店長自らチェックすることにしました。

【店内接客ルール】※全店共通
1．適切な商品知識を持ち、お客様と接すること。
2．業務の種類に関わらず、お客様に気付いた場合は必ず「お声がけ」をする。
(以下略)

> 接客接遇が基本であるにもかかわらず、お客様に興味をもてていませんでした。

図表10

■部門別構成

1）全社共通
　1．服装ルール
　2．挨拶ルール
　3．清掃ルール
　4．会議ルール
2）総務部
3）営業部
4）企画部
罰則規定

■場所別構成

1）全社共通
　1．服装ルール
　2．挨拶ルール
　3．清掃ルール
　4．会議ルール
2）事務所
3）倉庫・資材置き場
4）工場・車両
5）店舗
罰則規定

■職位別構成

1）全社共通
　1．服装ルール
　2．挨拶ルール
　3．清掃ルール
　4．会議ルール
2）正社員
3）アルバイト・パート
4）オペレーター
罰則規定

図表11　こうした構成を考慮して、自社にあったルールを策定します

られるわけがないのです。5S活動のルールを、「A4 - 2枚」に書き込んでください。書き込むことにより、初めて「誰が・いつ・何を・どのようにするべきか」が定まります。シンプルなルールが会社を変えるのです。

▼教育訓練の重要性

私の研修会やセミナーで、プロジェクタを使って5S活動前の姿と5S活動後の姿をお見せするのですが、いつもその瞬間、会場からどよめきが起こります。雑然とした倉庫が一流企業の工場並みに変わった姿や、「出船」と呼んでいる整然とした駐車場を見てみなさんが驚きます。

儲かっている会社と儲かっていない会社の違いは、根源としての仕組みの違いにあります。同じホテル業を営みながら、次々とお客様が訪れてリピーターを確保し続けるホテルもあれば、閑古鳥が鳴いているホテルもあります。小売業でも建設業でも同じです。

最近では、病院でその差がはっきりと現れています。「行列のできる歯医者」と「いつ見ても駐車場に車のない歯医者」が近所にありますが、両方の歯医者に通った私にはその理由がよくわかります。電話の応対から、看護師の対応、医者の態度、待合室の清潔さ、掲示物の内容など、すべてが違います。一方は暗くて清潔さがなく威張っています。もう一方は、明るく軽やかで清潔さがあり丁寧です。後者の歯医者にお客が集中するのは当然です。

実は、普段の私たちは、そうした基準でお店やホテルや病院を選んでいるのに、いざ「自分の会社はどうか」と問われたときには、そのことを忘れ、「今さらそんなことをして意味があるのか？」という言葉になって現れているのです。さらに、「景気が悪くて」「従業員がつまらなくて」「あそこはいいスタッフがいるから」などという言い訳がもれてくるのです。

「なぜ5S活動を行う必要があるのか」
「どうすれば企業を変えられるのか」
「5S活動を行うとどんな変化が始まるのか」
「よその会社はどのように変化しているのか」

このようなことを組織に伝えるためにもっとも必要なものは「教育訓練」です。パートやアルバイトを含めた全スタッフに、そのことを愚直なまでに伝え続ける教育訓練が不可欠です。

甲子園に出場するチームや、オリンピックに出場する選手は練習をします。俳優は映画やテレビドラマで役を演じるために、歌手はステージやレコーディングで最高のプレイをするために練習をします。

教育訓練というと大げさに聞こえるかもしれません。しかし、練習をしないチームや選手が満足のいく結果を残せないように、教育訓練を行わない企業が果たして結果を残せるのでしょうか。以前は、どんどん仕事が入り、その仕事をこなしさえすれば利益を確保できていました。しかし、受注競争が激化して以前のような利益確保が難しくなってきているとき、企業は何をするべきなのでしょうか。

5S活動についてだけではなく、原価管理・利益管理・コミュニケーションのとり方・コンプライアンス（法令順守）・安全管理・環境保全・マーケティングなどについて、企業は組織的に教育訓練を行う必要があります。社長だけが知っていて、残りの人間は社長が命ずることを忠実に守っていればいいという時代は、とうの昔に終わっています。しかし、そのことに気づいていない企業はまだまだ多く存在します。

組織で戦う仕組みのない企業に未来はありません。そして、組織で戦うためには組織的な教育訓練が必要なのです。決して社長の思いつきなどの発表ではありません。特に5S活動という目に見える仕組みに関する行動は、全社一丸となった教育訓練の積み重ねによって実現されるものなのです。

躾活動

▼第三者から組織がほめられる

組織に対する最大のほめ言葉は「よく、しつけられていますね」という言葉です。個人に対する賞賛の言葉は、決して組織に向かってかけられたものではありません。「○○君は若いけれどよくできていますね」「受付の○○さんはいい子ですね」などとほめられても、組織としては諸手を挙げて喜ぶわけにはいきません。

躾とは、その文字のとおり、「身（からだ）」に「美しい」と書きます。つまり、人間が美しく見える状態が「躾」なのです。

工場や事務所や店舗のたたずまいが整っていて不要なものがなく、清掃が行き届いた清潔な状態の環境の中で働く人々が美しく見えることが「しつけられた状態」であり、組織が定めたルールを全員が守っている姿であります。単純にものが片付いたきれいな状態であるだけではなく、そこで働く人々の服装や身だしなみが整い、あいさつや電話対応もすばらしく他の企業より優れていると顧客や取引先の人たちが感じてくれます。それが、5S活動の終着点です。

▼しつけられた組織は武器になる

5S活動は「整理・整頓・清掃」という製造系の3S活動から出発しました。製造系なので、まず「不良品を減らすこと」「生産効率を上げること」が最大の目的でした。しかし時代が進むと、単に生産効率だけではなく顧客のニーズの中に「安全・デザイン・環境」という新しいものが出てきたために「清潔」という新しい概念が付け加えられました。そして、次のステージで接する人たちの品位までが問われ始めたため、最後に「躾」というものが要求されました。その結果、規模や業種を問わないで実践できる5S活動ができあがりました。

よくしつけられた組織は、効率的に動き、機能的に作動し、スピーディーに対応します。そして何よりも、よくしつけられた組織は他の組織と違うということをアピールすることができます。それはまさに「差別化」という企業間の競争を勝ち抜くための最大の武器になります。

5S活動は仕組みなので、躾だけを要求しても組織の人たちは対応できません。「整理・整頓・清掃・清潔」というプロセスを一段ずつクリアして、初めて「躾」という戦う武器を手に入れることができるのです。そしてこの躾も、先ほどの教育訓練という活動と密接に結びついていくのです。

▼業務はできても躾ができていない企業

業務はできても、躾ができていない企業は多くあります。

例えば、書類整理はできても電話の応対ができない事務員さんは、総務の仕事をしているとは言えません。施工はできても地元対策ができなくて苦情を抱え込む現場代理人は、施工管理の仕事をしているとは言えません。販売はできてもアフターフォローができずリピーターを確保できない営業担当は、営業の仕事をしているとは言えません。

実際に直接企業を訪問して感じるアンバランスさは、このような躾の不在によるだらしなさが原因で、多くの場合その企業の業績に比例します。

「儲かっている会社と儲かっていない会社の違いは何ですか」とよく質問されますが、私の答えはいつも決まっています。

「すべて違います‼」

利益確保の観点から見た場合、きちんと利益確保ができている企業は、整理・整頓・清掃が行き届いており、清潔さも維持されています。そして、何よりもスタッフへの躾ができています。売上が伸びない原因の多くは、こうした仕組みが組織の中にないか、あるいは根付いていないところにあります。

「あの会社にはいい社員がいて……」と、言い訳をする経営者や経営幹部に多く会います。ですが、それは比較する企業の仕組みに目を向けていないのが原因のひとつです。伸びている企業がいかに膨大なコストをかけて社員教育や訓練を行っているかを、彼らは知りません。

「片付けをすりゃいいんだろ。5S活動なんてたいそうなことを言うな！」と、面と向かって言われたことがありますが、儲かっていない会社には儲かっていない理由がきちんとあるのです。

スタッフへの躾ができていなくて、企業が生き残っていけるでしょうか？　整理・整頓・清掃・清潔すらできない企業が利益を上げられるでしょうか？

組織構成員たちの「あと一歩」という意識の違いが、今後のすべてを決定するのです。

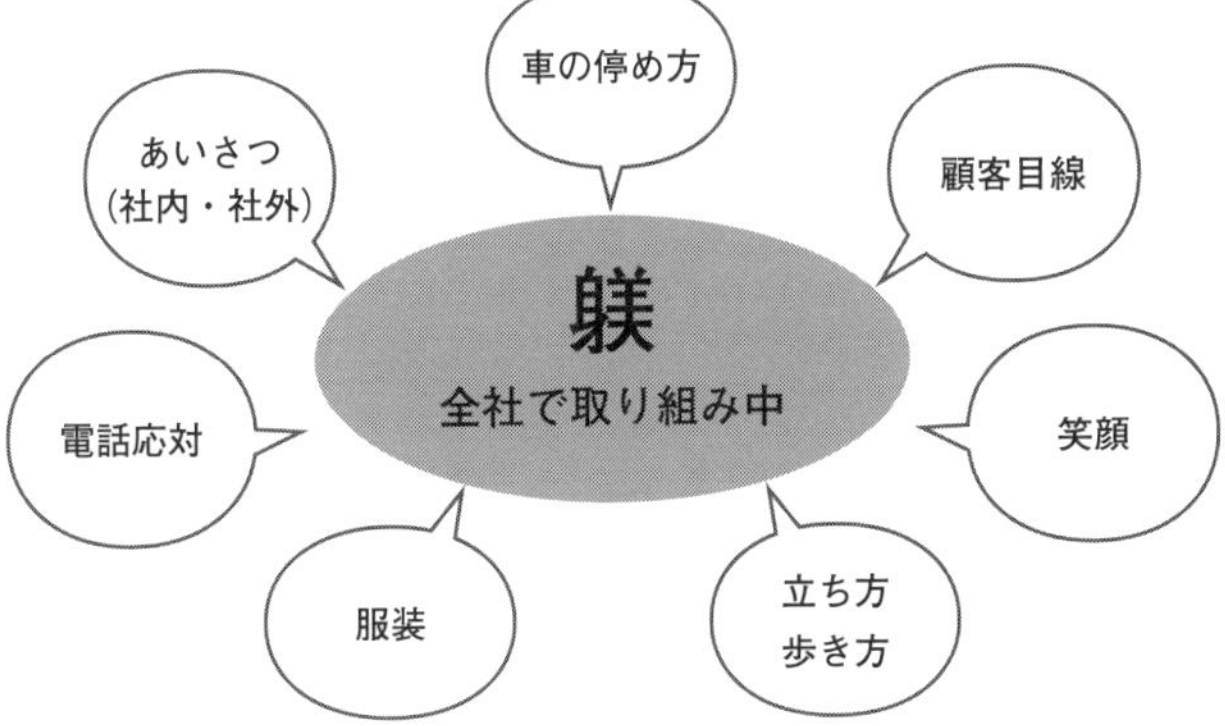

図表12

▼躾の意味と教育訓練

3S活動に「清潔・躾」という2S活動が加わったのは、時代の変化があります。「作ればいいだろう」「並べればいいだろう」「安ければいいだろう」という時代がかつてありましたが、そこから「成熟」というプロセスを経て顧客や社会は単なる製品やサービスだけではないものを求め始めたのです。

学校では「あいさつの仕方」を教えていません。「歩き方や立ち方」も「電話の応対」も「正しい服装」も教えていません。

今まで学ぶ環境がなかったので、組織の中できちんと対応できない人が多く存在します。そのため、躾は接客接遇を含めた技術訓練も必要な場合があります。

5S活動では、目に見える変化を4S活

動で組織が体験して、初めて躾の意味が見えてきます。理念や言葉だけではしつけられた組織は生まれません。

▼決めたこと（ルール）が守られる組織

「ルールを定めてそれを守らせること」実は、これが一番難しいのです。その理由は、「なぜ5S活動を行わなければならないか」という理由を明確に組織内で周知徹底していないからです。さまざまな企業のコンサルティングを行ってきたうえで断言できることは、活動の必要性や目的がしっかりと周知できている企業は、5S活動がスムーズに実行されるということです。

ある企業で、茶髪でピアスをしていた若いスタッフたちがいました。そのスタッフたちは不真面目でいい加減というわけではありません。言われたことはきちんとこなし、決して不良ということではなく、単に今風の格好をしているだけなのです。しかし、不思議なことに5S活動から「目に見える形」で変化を実感し、「躾」ができてきたとたん、全員が黒髪に戻ってしまいました。これは決して強制的に禁止したわけではないのです。

「なぜ、5S活動が必要か」

「そのあとに、何をしなければならないか」

「新しい時代には、君たちの新しい感性が必要だ」

と教えただけです。

この一連の変化を、ある企業の経営者はこう表現しました。

「同じ屋号で、同じ場所で、同じスタッフたちが仕事をしているのですが、別の会社になりました」

また、別の会社の社長はこう言いました。

「私が10年かけてもさせられなかったことが、リーダーやメンバーがわずか3カ月で実現してしまった」

5S活動は企業変化のスタートラインです。躾とルールの関係を充分に理解することが大切です。

絶対利益との連動で組織が飛躍する

▼5S活動が継続しない最大の理由

組織の究極の目的は存続と発展です。そうした大切な目的を達成するために組織が活動するときに、利益へのアプローチが欠けていると活動は早い段階で停滞します。5S活動を行っている意味を目に見える形で示さないと、組織の構成員は活動に疑問を持ってしまいます。したがって、5S活動で目に見える変化を組織で共有し、同時に利益の確保プロセスも共有する必要があるのです。多くの組織で5S活動が継続できない理由は、この利益との連動性が欠けているためです。

▼絶対利益の考え方

企業組織の利益の考え方にはいろいろなものがありますが、もっともシンプルな考え方に「絶対利益」というものがあります。

組織には、仕事があってもなくても絶対に必要な金額があります。前章でも触れましたが、人件費、地代家賃、光熱費、車両に関する車検や保険費用、毎月のリース費用などです。

このような一般管理費の多くは、仕事の有無（売上の有無）にかかわらず組織にとっては絶対に必要な金額です。その金額に金融機関からの借入れの返済金額、予定納税の金額、そして1年の組織活動を通して経営者が必要であると考えている利益を加えます。

その金額の総額を組織全体で集めると、企業は絶対につぶれません。企業が倒産する理

①固定費
人件費
地代家賃
光熱費
車両保険、車検等
リース費
一般管理費　他

＋

②返済金
金融機関からの
借り入れ
返済等

＋

③税金の積立
予定納税制度に
よる半期、また
は四半期の「税
金納入」義務

＋

④利益
税金分の利益*
設備投資
採用予定

＝

絶対利益

絶対利益の特徴

□「絶対利益」は売上がゼロでも絶対に必要な金額である。
□この数字は％ではなく、組織の人間が一致協力して確保する金額
□この金額の中には、自分たちの「給与」「賞与」が含まれている
＊返済金は利益扱いになります。

	第 24 期	第 25 期	第 26 期	3 年平均	決定金額	
総売り上げ	258,600,000	232,500,000	218,600,000			
役員報酬	14,890,000	12,860,000	13,560,000	13,770,000	12,000,000	
給与手当	48,200,000	46,400,000	42,512,650	45,704,217	40,000,000	
賞与	7,500,000	5,500,000	5,000,000	6,000,000	5,000,000	
法定福利費	7,757,254	7,251,000	6,584,510	7,197,588	6,500,000	
福利厚生費	528,000	325,400	425,210	426,203	400,000	
通信費	526,325	684,512	485,250	565,362	400,000	
水道光熱費	832,545	763,952	728,250	774,916	700,000	
			⋮			
顧問契約料	254,000	254,000	254,000	254,000	254,000	
固定燃料費	326,120	286,521	368,500	327,047	300,000	
長期借入返済総額	6,524,200	6,254,800	5,863,521	6,214,174	5,500,000	
その他	254,351	356,825	225,120	278,765	200,000	
固定費合計	94,696,524	87,518,220	81,696,393	87,970,379	75,951,000	Ⓐ
納税額						
1. 法人・事業税	3,560,000	3,353,600	1,856,000	2,923,200	2,900,000	Ⓑ
2. 固定資産税等	1,000,000	1,000,000	1,000,000	1,000,000	1,000,000	Ⓑ
3. 消費税	4,000,000	4,000,000	4,000,000	4,000,000	4,000,000	Ⓒ

Ⓐ		Ⓑ		目標利益等		Ⓒ		
絶対利益	＋	（予想税額）	＋	利益	＋	消費税（積立）	＝	目標絶対利益
75,951,000	＋	3,900,000	＋	6,000,000	＋	4,000,000	＝	89,851,000

算出上の注意
①経営者が行う
②合計の金額を全員に公表する

図表13　絶対利益算出表

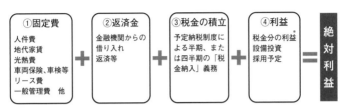

由は、売上不振や利益圧迫などさまざまな要因が重なりますが、逆に考えればこの絶対利益を集め切れなかったからという点に帰結します。

5S活動も利益もシンプルに考える

5S活動の最大の特徴は目に見えるということです。不要なものが目の前から消え、働きやすいように再配置を行い、誰が見てもわかるように表示することで、年齢や役職や経験を問わず誰でもその変化を感じることができます。

同様に絶対利益も目に見えるものです。組織にとって「1年間に絶対に必要な金額」を組織に示すことにより、全員でその金額を集めるというシンプルな動きを整えることができます。

多くの組織が「全社一丸」をスローガンとして掲げますが、実際にはなかなか実感することができていません。

しかし、5S活動も絶対利益もシンプルな性質を持っているので組織に浸透しやすい特質を持っています。また、どちらもルールとして組織に方向性を与えることができるので、5S活動と絶対利益管理は連動できるのです。

絶対利益と経営計画

第1章で5S活動と利益の関係性についてふれました（50ページ参照）。絶対利益の金額は、残念なことに決算書の中には直接書かれていません。これは、経営者自らが自分自身の体を点検するように、自ら支出項目や支出金額を確認することからしか把握できません。しかし、これは経営計画の第一歩でもあるのです。

この絶対利益という言葉は会計用語ではありません。時折、会計士から費目の違うものを並べるのはおかしいという指摘を受けることがありますが、この言葉は会計ではなく経営としての利益概念を表しています。特に、組織の人々に利益の話をするときには必要な言葉です。会計士が普段使う「経常利益」「営業利益」「減価償却費」「法定福利費」などという言葉を、組織の中でどれくらいの人が理解できるかを考えてみてください。

5S活動は目に見える形での組織変化を促すように、利益も目に見える形にして組織に落とし込まなければなりません。そのために必要な言葉であるのです。

絶対利益は全社一丸で集める

組織でもっとも重要な数字である絶対利益の計算をしたことがなく、それを知らずに売上だけで会社を支えようとする社長が少なくありません。もちろん、売上は大事なのですが、絶対利益を確保することのほうがはるかに重要なことです。繰り返して言いますが、絶対利益を集めてしまえば会社は倒産しないのです。

では、その絶対利益はどのようにして集めればよいのでしょうか。

絶対利益は、組織に所属するすべての人々によって集められなければなりません。社長や専務が集めるのではなく、組織の人たちが全社一丸となって集めるべき金額なのです。

しかし、実際に、ものを捨てて再配置を行い、表示をしてルールを全員で守っている組織は、すでに全社一丸が達成されていると言っていいのです。

「5S活動を推進することによって全社一丸体制を作り上げて絶対利益を確保する」
「絶対利益を確保するために5S活動を導入する」

これはどちらも正しい考えです。

5S活動と絶対利益管理システムは密接につながっています。多くの企業が5S活動から業績を飛躍的に伸ばしているのは、このふたつの活動を連動して実践してきたからです。

利益阻害要因と利益貢献要因

5S活動と絶対利益管理が連動するようになると、会議の内容が変わります。多くの企業組織の会議は、単なる報告会で終わっているケースが少なくありません。生産工程、安全、改善などの会議を行っても、上からの通達や活動実績の報告で終わる例が多いようです。組織内で共有すべき原因追求に関しての議論が進まないのは、やはり基準となる目標が明確になっていないからです。

しかし、5S活動を構築した組織に絶対利益管理を組み合わせると、「利益阻害要因」「利益貢献要因」という新たな視点が生まれてきます。

・利益阻害要因

目標とした月間絶対利益が確保できなかった理由のことです。

仕事の種類、販売・製造プロセスの不備、コミュニケーションの不足、連絡体制の不備、

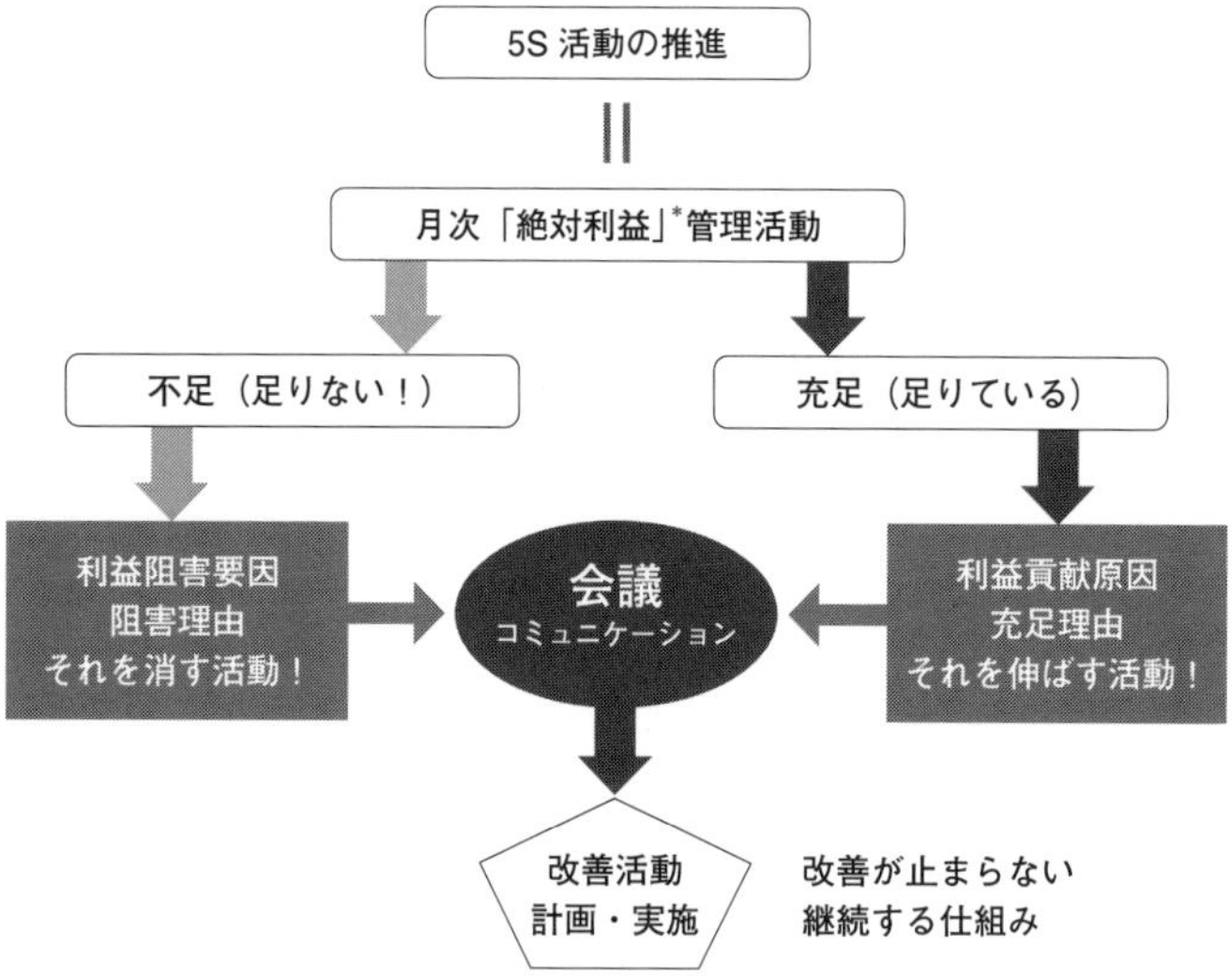

＊月次絶対利益とは、1年間に必要とする絶対利益を月割した金額。（季節変動を考える場合もある）

図表14

担当者の経験不足、協力会社のミス、組織内の連携不足などがあります。

・利益貢献要因

目標とした月間絶対利益が確保できた理由のことです。
仕事の種類、協力会社の優秀性、コミュニケーションのよさ、担当者の能力向上、組織内の連携体制の向上など・

(注)月間絶対利益とは、年間の絶対利益金額を12カ月で割ったものです。

この利益阻害要因と利益貢献要因は、獲得した絶対利益金額の過不足で判断することができます。不足していたときには阻害要因、充足していたときには貢献要因について話し合います。その中では「伸ばすべき要素」「禁止、あるいは修正すべき行動」「すぐにできること」「時間をかけるべきこと」などについての話し合いが活発化します。その結果を受けて、それらの活動を行うべき責任者定め、活動の工程などを協議します。

このように、5S活動と絶対利益管理は組織にとって車輪の両輪のような機能を果たし、会議の内容まで大きく変える可能性を持っています。

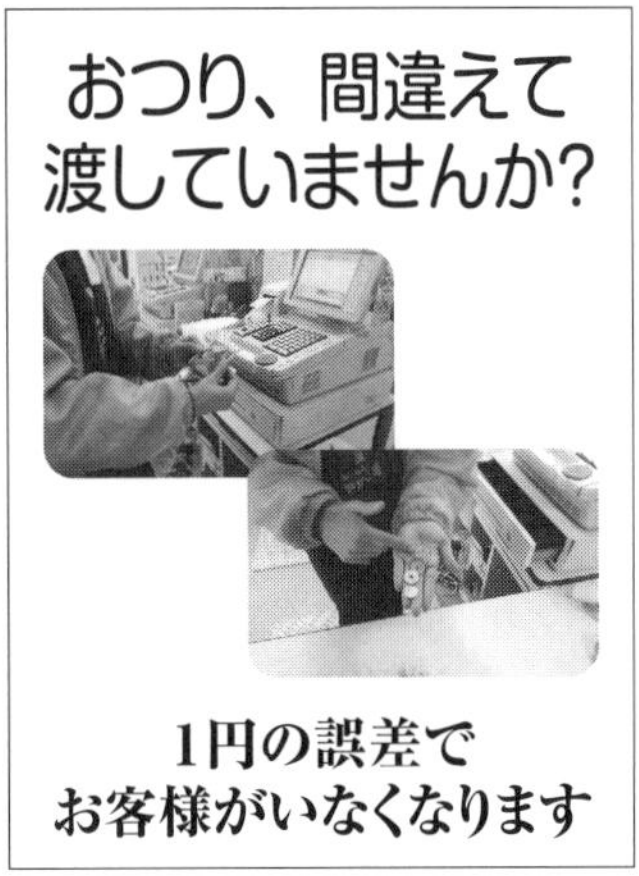
おつり、間違えて
渡していませんか?
1円の誤差で
お客様がいなくなります

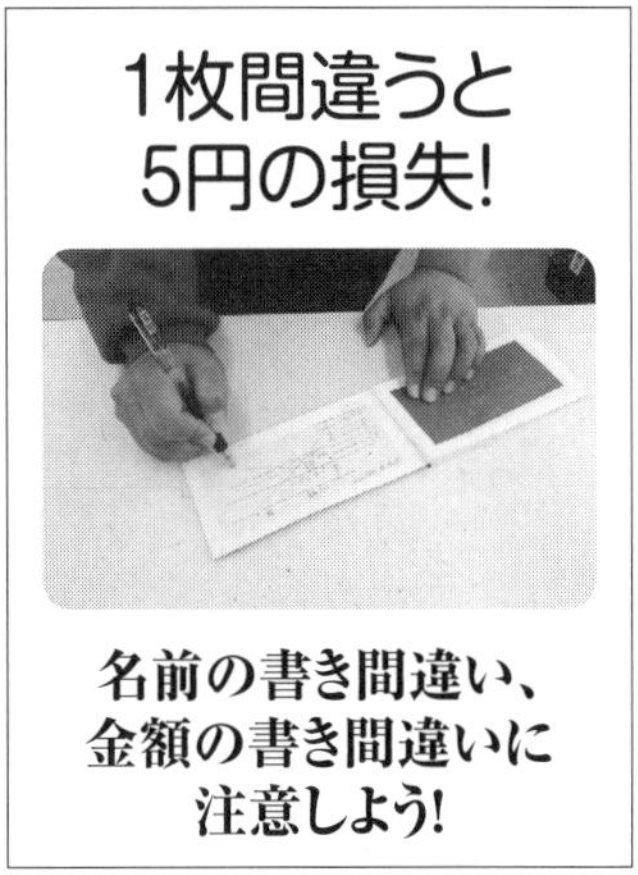
1枚間違うと
5円の損失!
名前の書き間違い、
金額の書き間違いに
注意しよう!

「1円ポスター」を社員たちが作った

5S活動と絶対利益管理体制を連動させた組織では、社員たちが自ら「1円ポスター」というものを作るケースもあります。市販のポスターではなく、自分たちの体の中を通った言葉で作られたものなので、組織の中に確実に浸透します。「1円を拾う」「1円を落とさない」という新しい意識の向上がこうした活動には現れています。

第 3 章

5S活動　育成編

5S活動と人材育成

5S活動の仕組みができあがったとしても、それが継続できないという組織は少なくありません。理由は大きく分けて3つです。

ひとつめは、活動の目的が明確ではないので大掃除や片付け程度で終わってしまったというケースです。不要だと思うものを各々がバラバラに捨てて掃除をして終わるので、翌日から不要なものが増え始め、2〜3カ月たったら元の状態に戻ってしまったという事例はたくさんあります。目的が明確でなかったときは活動のレベルも低く、精度も低いので継続は難しくなります。

ふたつめは、利益と連動していない5S活動です。活動の目的にも関わることですが、組織の利益と連動していない5S活動は単なる理念やお題目で終わりがちです。何よりも5S活動の成果が目に見えないので、5S活動の精度や課題が起きてからの改善活動へとつながっていないのです。時代や社会が大きく動いているときに、お題目を唱えているだけでは取り残されてしまいます。組織の存続と発展の鍵となる絶対利益の確保と連動させなければ、利益貢献要因や利益阻害要因という次を見据えた活動にはたどり着けません。

最後が教育訓練です。5S活動はシステムなので、システム構築時や実際の活動のときにさまざまな組織課題が噴出します。そのときに適切な教育訓練を行わなければ、社員の意識は変わりません。全員で適切な時期に行うことにより、意識改革や個人の著しい成長を促します。大手企業では、そうした教育のカリキュラムやシステムができあがっているのですが、中小企業の場合はなかなかできていないことが多いようです。

5S活動は資質のリトマス紙

5S活動を組織の中で展開していくと、業務からだけではわからなかった個人の資質が見えてきます。積極的に参加する人、無関心な人、反発する人など、5S活動が業務から少し離れた場所にあるので、それぞれの資質が顕著に出てきます。それは、職位も性別も世代も越えた形で見えてきます。

活動を引って行くタイプ、活動を支えるタイプ、提案ができるタイプ、決め事を守れるタイプなどそれぞれが活動に関わる中で個性を示し始めます。当然、全社一丸の活動であるにもかかわらず、反発を示す人、協力的でない人、陰口を言う人、活動の足を引っ張る人も出てきます。そうした5S活動のプロセスで現れてくる風景は、組織の将来を考えるときに得難い経営資源の再掘削につながります。

業務は経験や経歴、資格という外枠が必要ですが、5S活動は自社の活動なので自分たちの判断で行動することができます。世代や性別を越えてリーダーやメンバーが活躍できるので、活動のスペースを与えられた人たちは今までと違った資質を見せ始めます。

多くの取組企業の経営者からこんな言葉を聞きました。

「あの人がここまで組織を引っ張るとは思わなかった」

「案外うちには人材がいるということに気づきました」

「意外にも役職者たちに能力がないなぁ。見かけ倒しだった」

「パートのおばちゃんたちのパワーに圧倒されました」

「ベテランだから高をくくっていたんだけれど、彼らも変化を待っていたんですね」

5S活動は資質のリトマス紙です。業務からは見えなかった組織の原石と言うべき人材の可能性再発見の場にもなるのです。

「幹部の木」からそれぞれの役割を自覚させる

「幹部の木」とは、組織を樹木に例えてみたものです。それぞれの役目を見ていきましょう。

・葉

一般社員やアルバイト・パートに相当する部分です。葉が光合成や湿度対応をするように、組織の最前線で加工、施工、販売などの業務を行います。風が吹くと葉が揺れます。そして、風の強さによって葉の揺れ方は違います。そよ風のときはゆったりと、台風のときにはちぎれんばかりの激しさで動きます。つまり、一般社員やアルバイト・パートは状況によって文句を言うのが当たり前なのです。

・枝

主任や係長にあたる部分です。葉に相当する一般社員などを統率する役目を持っていますが、もっとも重要な役割は葉が激しく揺れたときに「一緒に揺れてあげる」という行動

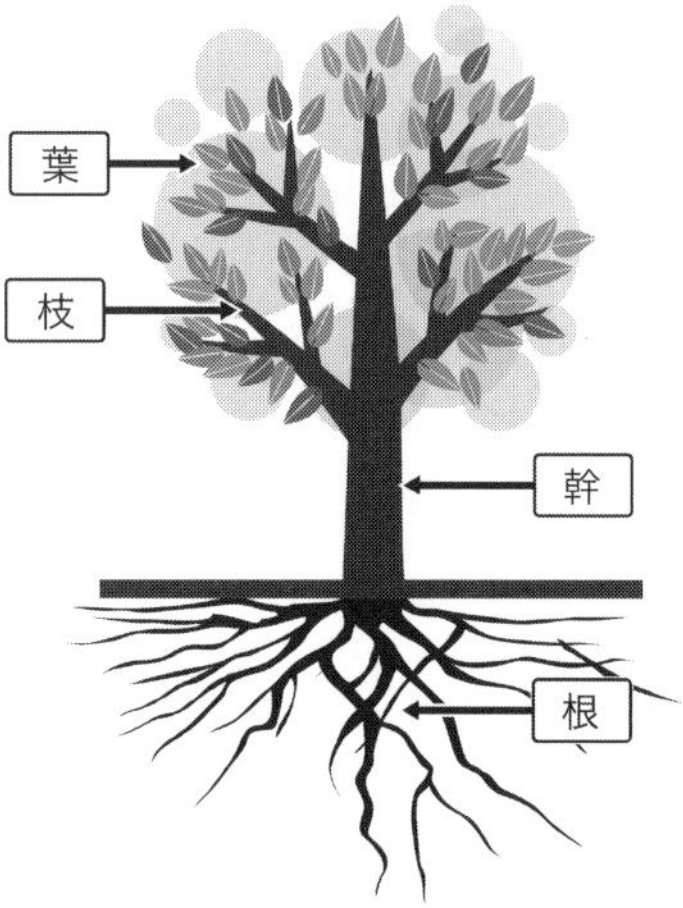

幹部の木

です。つまり、一般社員などが組織に対して不平不満を漏らしたときに、現場の最前線を知っている人間としてその声に耳を傾け、一緒にその動きに合わせてあげることが大切です。強風の中で葉が激しく揺れているとき、枝がピクリとも動かなかったとしたら葉はどうなるでしょう。ちぎれる以外に道はありません。離職者があとを絶たない組織では、こうした機能が失われているからなのです。

・**幹**

「幹」に「部」をつけて幹部と呼びます。通常の企業であれば課長や部長が担当します。幹の役割は枝とはずいぶん違い、どんな強風が吹いたとしても微動もしてはなりません。風が強いのですから枝と同じように動きたいのですが、幹が動いた瞬間に根が持ち上がりその樹木の生命は終わってしまいます。それから、幹は根が集めてくる養分や水分を重力に逆らって枝や葉に届けるという役割を担います。重力に逆らうのはとてもつらいことですが、組織の誰かがそれを負わなければ生命体としての機能を維持できません。そして最後に幹の重要な役割は、強風が吹いて枝が耐えられなくなったときに「折れることを許可する」ことです。もちろん、葉を失い枝ももぎ取られることは樹木にとっても組織にとってもつらいことです。しかし、幹はその枝がなくなったあとを自分が補うと、翌年の春にはその折れた部分からは新しい枝を見せます。そして、数年後には以前と同じような姿を見せているはずです。樹木の中でもっとも過酷な役割を担うのが幹です。だから、「幹部」と呼ばれているのです。

・**根**

当たり前のことですが、組織では経営者のことです。根は誰も見ていない土の中で樹木（組織）に必要な養分や水分を探し求めています。土が柔らかければどこまでも深く、岩場であればどこまでも広く樹木を支えるために根を張り続けます。これほど孤独な役割はありませんが、それが根（経営者）に与えられた使命です。このつらさはその立場に立ったことのある人間にしかわかりませんが、大事な部分です。

組織にはさまざま教育が必要ですが、この役割を自覚させる教育はとても重要なことです。このことが組織で理解されていないと、係長みたいな部長や主任程度の課長が出現するのです。もっとも悪いのは、根に相当する経営者の役割を幹部たちが理解していないと一般社員と一緒になって不平不満を漏らしたり、社長の悪口を外部で言ったりすることです。

5S活動で噴出する組織課題の根源にあるものが、自分の役割を自覚していない人の存在です。5S活動の進捗とともに、個人の資質を見極めた役割教育が必要です。

ラインとスタッフ

「ラインとスタッフ」とは、近代国家成立の過程において大きな役割を果たしたナポレオンの軍隊において確立されたひとつの組織論です。一般的に組織は、業務（通常任務）を遂行し、成果（業績）を上げることを目的としています。ナポレオン以前の戦争は個人が優先され、組織的な機動性や機能性よりも個人の資質や勇気などが重視されました。特に戦上手な王の元で兵士は働きたがり、同時に勇敢で戦に強い国が栄えました。それに対抗する形で新たな仕組みが組織の中で芽吹いたために、ナポレオンは皇帝になることができたのでした（出典：『兵法ナポレオン』大橋武夫著、マネジメント社）。

組織には、ふたつの大きな流れがあります。

ひとつは「スタッフ」という流れで、組織の方向性やそれに基づいた計画を立て、実行の進捗を監視して達成度や慎重度を見つめる流れです。実務とは少し距離を置いた活動で、「こんな組織になりたいので社員にこんな資格を取らせる」などというのはスタッフの流れです。

そのほかに、「事業計画を立てる」「企画を立てる」「採用計画を練る」「ロスやミスの発生率を監視する」「教育訓練計画を立てる」「組織の中からアイディアを募り実行させる」などがあります。

もうひとつが「ライン」という流れです。「受注」から「資材調達」「製作」「製造」「販売」「施工」「配達」などの活動、あるいはそうした活動を支えるために「契約」「請求」「集金」「財務」などという活動もこれに含まれます。おおむね組織は、こちらの活動を中心にして組織を構成します。「部門・部署」という名称はこの機能を効率的に行うために設けられています。当然、目に見える形での利益はここから生まれているように見えますから、組織はここに力を入れます。当然組織はピラミッド型にならざるを得ず、中で示される言葉は命令ということになります。

こうした考え方は前述したように、もともとは軍隊運営から出てきた考え方です。ラインが実際の戦闘行為を行う部門とすれば、スタッフは参謀の位置づけです。長所は、指揮官の負担を軽減するとともに専門性の高い視点からアドバイスをもらえるということです。短所は、ラインとスタッフのバランスが難しく、互いの職能への介入や対立を招きやすいなどがあります。

中小企業の弱点は、スタッフという概念が欠如しがちであるということです。多くの組織がスタッフ活動を個人の技量の上に乗せてしまい、そうしたことができる人がいる組織はある程度が成果を出していますが、処理できない組織は経営者が苦労しています。そして、組織の課題や問題の多くは、このふたつの流れの滞留にあります。逆に、伸びている組織は特徴のひとつとして、こうした機能を意識して切り分けて考える人材を確保しています。

5S活動は、明らかにスタッフの仕事です。リーダーやメンバーはその活動を通してスタッフとしての能力を高めます。自社の5S活動を進める中で、このスタッフという考え方を強化して、5S活動だけではなく品質や安全などの組織の質の強化までできるようになります。そして、組織の存続と発展という組織の最終的な目的への人的供給源を作ることができるのです。

「29200」という数字を教える

「29200」という数字は、そんなに大きな数字ではありません。金額にすれば3万円以下、プロ野球やサッカーの試合では普通の観客数程度の数字です。しかし、この数字には深い意味が含まれています。

現在、日本人の平均年齢は約84歳です（女性は約86歳、男性は約80歳）。わかりやすく80歳まで生きるとすると、「80年×365日＝29200日」となり、80年生きた場合の生存日数になります。そして今まで生きてきた年数は消費しているので「消費日数＝現在の年齢×365日」で計算できます。日本の国での定年年齢は平均65歳なので「定年後の日数＝15年×365日＝5475日」となります。そのことを理解して「あと何日働けるか？」を考えるとこんな数式が出てきます。

残存社会人活動日数＝29200－（消費日数）－5475日

若手向けの研修会やベテラン向けの研修会では、必ずこの計算を参加者にしてもらってから自分の役割についての話をします。大まかな数字を挙げておきます。

20歳職員――16425日
30歳職員――12775日
40歳職員――9125日
50歳職員――5475日
60歳職員――1825日

多くの組織で人が育たなかったり、意欲の向上が見られないと経営者が感じてしまうのは、実はこうした大枠の数字をきちんと社員たちに伝えていないからです。残された日数への理解が不足していれば、いくら熱く経営者が語っても、将来への展望すらぼんやりとしたものになってしまいます。結果、若い人たちはやりたいことだけに熱中してやるべきことを忘れています。ベテランは残りの日数を考えたこともないので、本来自分が果たすべき技術の伝承や経験の伝承を忘れ、ひたすら決められたことだけをやっているのです。

２０１３年の統計では、倒産した企業の平均創業年数は23・6年でした（『東京商工リサーチ調査』より）。

「20歳の人は、少なくともこれからどこかで45年間は働かなければなりません。そうなると、多くの人は2回から3回は転職をする可能性があります。そのときに自分のスキルを上げておかなければ、自分の納得のいく職場に入ることができるでしょうか？」

「40歳の人ですら、あと1回は転職しなければならない可能性があることに気づいていますか？」

セミナーなどの冒頭で私が必ずする話です。こうした自分のライフプランと密接に結びついた大枠の話をしておかないと、参加者は真剣に話を聞こうとはしません。逆に、そのことを理解してから始まったセミナーや研修会のアンケート内容はとても意識の高いものになっています。特に、子育て中のパートの女性たちは、自分の子どもたちにまず教えることだと感想を書いています。

組織には、さまざまな価値観が混在しています。経験も世代も性別も違うのですから当たり前のことなのですが、組織をある一定の枠内に納め、共通の価値観を持たせなければ過酷な競争の中で戦っていくことはできません。

5S活動を単なる大掃除や片付けで終わらせないために、自分たちのライフプランと自社のさまざまな活動が、密接に結びついていることを教えなくてはなりません。こうした教育を組織の全構成員に伝えることにより、5S活動はより精度の高いものになっていきます。

業務と仕事

多くの組織で仕事が「忙しい」という言葉を使います。確かに日常にはさまざまな用件があって、それが次から次へと押し寄せてその処理に追われます。何よりも「営業―販売・製作―納品―請求―会計処理」という、利益の元となる日常の流れを切るわけにはいきませんからいつも忙しいのです。

ある日、ある企業で絶対利益の金額算出手順の打ち合わせをしたのですが、2週間後に訪問をしたところ、経営者が何もしていなかったことがありました。経営者ですから忙しいのは当たり前なのですが、準備ができなかった理由を聞くと経営者がこう答えました。

「いやぁ申し訳ない。仕事が忙しくて準備ができなかった」

と言うのです。そこでどのように忙しかったのかを尋ねると、注文が増えて配達する人間が足りなくなったので毎日配達をしていた、と応えました。慢性的な人手不足に悩む実際の企業現場ではよく見かける風景です。たとえ社長であっても現場に立ち続けなければなりません。

「しかし社長、それは仕事が忙しいのではなくて業務が忙しいのですね。業務と仕事は切り分けて理解しなければなりませんよ」

すると、社長は怪訝な顔をされました。業務も仕事も同じことじゃないか、と言うのです。しかし、これは違います。「業務」は誰かに代わってもらえることで、「仕事」はその人にしかできないことです。

このことは組織の中でよく理解されていないようで、組織の中の混乱の原因になっています。

例えば、営業マンが担当した案件の見積書を作るのは仕事ですが、部長がそれを作るのは業務です。営業マンならば自ら計算し提出すべき見積を上司の許可を得るというプロセスはその人にとっての仕事になりますが、部長の場合にはそれは業務、すなわち誰かに代わってもらえるものになります。手書きで見積書を書いてそれを誰かに清書させ、最後に確認だけすればいいのです。

部長の仕事は次のような内容が主なもので、決して見積書を作ることが仕事ではありません。

《部長の仕事の一例》

・部内の人間が働きやすいように各部署間の調整を行う
・部内の進捗や問題点を把握する
・課長たちのスキル把握を行う
・必要に応じて部内の教育訓練計画を立てる
・事業計画を立てるにあたり正確な見通しを立てる
・幹部会で部門の責任者としての発言を行う
・絶えず経営者と意思疎通を図り全体像を経営者と共有しておく

同様に、社長の仕事も次のような内容が主なので、決して配達の加勢をすることではありません。

《社長の仕事の一例》

・経営方針を立てる
・事業計画を立てる
・必要な人材やインフラを確保する
・業界やライバル情報を絶えず収集する
・会社の全体像を細部にわたって把握する
・適切な指示を幹部たちに与える
・組織の将来に対して全責任を持つ

しかし、多くの社長や部長は何かが忙しいときに、すぐ「仕事が忙しい」と言ってしまうのです。それは単に業務が忙しいだけのことで、人手不足を予測できなかった自分の仕事に対する不始末の尻拭いをしていることにもなりかねません。

この業務と仕事の区別ができていない経営者や幹部がいる組織は、なかなか変化しません。いつまでも業務に追われ、一年中「忙しい」と言い訳ばかりをしています。

この話をある外食系の女性経営者にしたところ、彼女は瞬時に、

「それは、それぞれの『お役目』ですね。それぞれが自分の役目を自覚して日常業務の中

できちんと果たせ、ということですね」

と言いました。2週間後に訪問したところ、「お役目検討表」という様式を作っていました。左側に業務、右側に仕事という欄を設け、各役職者にそれぞれを記入させていました。そして、女性経営者から次のようなお話を伺えました。

「書かせてみてわかったんですが、役職者が自分の仕事をわかっていませんね。板長と板前は違う役割があるはずなのに、板長が板前程度のことしか書けませんでした。料理長と料理人も同様ですし、店長とホール長もそうです。それぞれが自分のお役目を理解していないのだから、前に進めないはずです。今からの課題は、この現状からそれぞれにどう自覚させるかにあるような気がします。そして、一番それがわかっていないのが自分だと気づきました。業務のことはスラスラと出てくるのに、最初は資金繰りくらいしか頭に浮かびませんでした。少し頭を切り替えないと、前には進みませんね」

5S活動は組織において、業務ではなくて仕事の部分に属します。当然リーダーやメンバーは、日常業務を遂行しながら新しいプロジェクトとして活動を行いますから、彼らにとっては仕事です。たとえどんな形で選ばれた人たちであろうと、そのことを経営者は理解して活動を見守らなくてはなりません。同時に、現在の役職者にその業務と仕事の違いを理解させる、最良の機会も5S活動の中にはあります。

習得と体得

組織の経営者や幹部が、経営上常識として持っておかなければならないものが「習得」と「体得」ということです。組織の人たちを育成する役割を担う人たちは、こうした考え方を理解しているでしょうか。

剣術の世界で、竹刀、木刀、真剣では意味が決定的に違います。

竹刀は訓練のために用います。初心者が剣術を学ぶための入り口として、ある意味本番を迎えるための準備として使います。太刀さばき、体さばきなどの体の動きや、勝負に臨む間合いを学びます。最初から真剣を使って練習をすると命がいくつあっても足りません。

木刀は竹刀と平行して用いられますが、剣術の型を学ぶと同時に真剣勝負の模擬戦として使います。竹刀だけでは実際の勝負の機微は学べません。達人にとっては真剣とほとんど変わりなく、もちろん簡単に相手を殺すことができます。

真剣とは、文字通りまがい物ではなく日本刀のことで、命のやりとりをするものです。触れれば皮膚は切れ、当たりどころによっては骨を断ち、究極は相手の命を奪います。まさに、命を懸けた戦いは真剣で行います。

物事を教えたり学んだりするときには順序があります。始めるときにその事柄に対する概論や歴史や意味を知って学ぶ対象のイメージを知るということは、学びの入り口では非常に重要なことです。これを「習得」と言います。

そして、その後あるいはそれと平行して、実際に活動を行い新たなものを獲得していきます。現場に出かけたり実際の対象物や対象者に会ったりして新たな発見や気付きを得て、深く理解することができるようになります。これを「体得」と言います。

例えば、英会話を考えてみましょう。英語を母国語としない人々は、まったく何の知識もなく、英会話をはじめることができません。最低限の単語といくつかの構文を学ばなければ、スタートラインにすら立てないのです。同時に、いくら単語を覚えて構文を覚えたとしても、英会話ができるとは言えません。単語や構文を覚えながら英会話を実際に行わなければ、本当の意味がつかめません。つまり、習得が単語を覚えたり構文を覚えたりすることであり、体得が実際に外人と会話を始めることなのです。

ある経営者から、会社の改善をしてくれという依頼を受けました。何回か企業訪問をして、幹部たちに改善のやり方を教えて改善をしてほしいとのことです。

私はその経営者に習得と体得の話をしたのですが、どうもそのふたつの差がよくわからないようで、「習得も体得も同じではないか」と言われてしまいました。手元に竹刀と木刀と真剣があったら、目の前に突きつけて違いをわからせることができたのですが、なかなかそのあたりのニュアンスの違いを言葉で理解してもらうのは難しいようです。ちなみに、その経営者の部屋の本棚には、びっしりとハウツウ本が並べられていました。気をつけなければ、習得と体得の違いを忘れてしまっている組織があります。特に情報化社会で膨大な情報が自分の周辺にあふれかえっているので、読んだだけ、見ただけ、聞いただけで、なるほどと納得してしまっていることは少なくありません。

よく研修会で申し上げることですが、赤ん坊は転んで歩き方を覚えます。幼稚園生は膝小僧を擦りむいて走り方を覚え、小学生は鉄棒から落ちて逆上がりを覚えます。最初から歩ける赤ん坊も、全力で走れる幼稚園生もいません。これが体得という意味です。言葉を変えれば「プロセスを踏む」ということです。

5S活動を行っていると、進捗が思わしくない状況に陥ることがあるかもしれません。他の人に任せるより自分がやったほうが早いと感じる経営者や幹部もいます。しかし、そこで口や手を出してしまって、せっかくリーダーやメンバーが育とうとしている芽を潰してはなりません。大怪我をしない程度に転ばせてあげることも、経営者や幹部の仕事でもあります。

この習得と体得の意味は、早い段階で経営者と幹部で共有しておかなければならない大切な経営知識です。

「社会人」と「組織人」の再定義

社会の中で価値観が多様化しているために、組織にもさまざまな価値観があふれています。組織は、共通の目的や目標を達成するための機能を必要としますが、価値観がバラバラではそれもかないません。特に、昨今の中小企業では世代間の価値観の違いが顕在化していて、さまざまなシーンで離職者の原因となったりコミュニケーションの阻害要因になったりしています。若い世代を簡単に「ゆとり世代」などと揶揄している40代の人たちに一般的な常識が大きく欠けている風景も目にしてしまいます。

社会人とは、社会に参加し、その中で自身の役割を担い生きる人のことで、一般的には学生は除外されています。当たり前のことですが、実態として多くの中小企業の現場でおかしいとしか言いようのない現象が起きています。

例えば、次のようなことが社内で見られます。

・社員同士のあいさつができていない
・外来者に対するあいさつができない
・電話で会社の名前すら言わない
・初対面で名刺を出されても片手で受け取り、自分の名刺は出さない
・喫煙所から外来者を睨みつける
・駐車場に空き缶が落ちていたり車の灰皿の中の物が散らばっている
・電話応対をしている社員のすぐ横でゲラゲラと笑い声を上げる

大げさなことに見えますが、これに類したことはどこの組織でも大なり小なり起こって

います。

以前、九州を出発し東京で1泊をして新幹線で東北に向かい、そこからバスと電車を乗り継いで企業訪問をしたときのことです。企業の玄関を開け、声をかけてあいさつをしたところ、事務所にいた十数人の方が一斉に私の方を向きました。しかし、自分の客でないとわかると全員が自分の作業に戻って、誰も相手をしてくれませんでした。名刺を片手にしばらく玄関に立っていると、一番手前にいた事務員さんが舌打ちをして立ち上がり、私の用件を聞いてくれました。何日も前から経営者と打ち合わせをしてからの訪問なのですが、社内には伝わっていなかったようで、玄関先で相当待たされました。

私はコンサルタントなのでそうした風景は職業的に冷静に見られますが、取引先だったらどうなったでしょうか。どんなにきれいごとを言っても、当初その組織の社会人としてのレベルは最低でした。気をつけておかないと、本社だけではなく出先や客先で同様のことが起こっているかもしれません。


同時に、組織人としての教育がまったくされていない組織も少なくありません。組織人とは所属する組織の目的や目標を共有し、自分の役割を自覚して行動する人のことです。しかしながら、次のような人たちが少なくありません。

・会社の会議に遅刻する人がたくさんいる
・会社の定める提出物が期日に出てこない
・会議中に平気で携帯電話にかかってきた電話に出る
・会議中に総務系が平気で外来の電話を会議室に回す
・会社で決めたルールが守られない
・会議では何も発言しないが喫煙所では上司や発言者の悪口を平気で言う
・役職者が部下の悪口を言う
・取引先で自社の悪口を言う

大手企業ならば、新入社員教育や初任者研修で徹底的に仕込まれる組織人としての常識が、中小企業ではなかなか浸透できていないのが現状です。

業務に必要な資格やスキルについてはどの組織でも対応しますが、それ以前の社会人教育や組織人教育は手薄です。そこで、5S活動を行う中で再度自社の目的に照らし合わせて再定義をしてみてください。特に世代間の価値観の違いや学校や社会が教えなかった常識を教える機会はなかなかありません。

これから生き残っていく組織で大切なことは、他者の真似ではなく「うちの会社では！」という強い意志をどれだけ社員に植えつけられるかにかかっています。いきなり観念的な話をしたりルールを組織に押しつけても、なかなか個人の意識は変わりません。

5S活動という全社活動を通して、必ず行っていただきたいことです。

学校では教えないこと

さて、あいさつの仕方や電話対応の仕方はどこで教わったでしょうか。

学校ではあいさつの仕方や電話対応を教えていません。歩き方や立ち方、正しい服装も教えません。どこでも学んでいないので、組織できちんと対応できていないということにお気づきでしょうか。

5S活動の最後に「躾」が入っているのは意味があります。昔なら、家庭や社会が教えていた躾というものが、現代社会では消えかけているのです。知識ばかりを教える学校では、人生で必要な知恵を教えていません。まず、教えるべき教員たちに社会人としての常識がないのですから、教えられるはずもありません。おまけに社会が自由や個性に関して誤った情報を発信しているので、組織の中に混乱が起きています。躾は接客接遇を含め技術訓練が必要です。

例えば、最近の若い世代ではおしゃれと身だしなみの区別すらできていない場合があります。おしゃれとは自分の個性を発揮するものですが、身だしなみとは相手の目線を意識した社会人としての常識です。ところが、それをきちんと教えていないので、採用試験に私服でOKですと出したところ、短パンに半ズボンやミニスカートに高いヒールを履いてやって来たという、漫画のような信じられない風景を生み出しています。

5S活動には手順が必要です。目に見える変化を4S活動で組織が体験して初めて、躾の意味が見えてきます。理念や言葉だけで躾けられた組織は生まれません。なぜ、躾が5S活動の最後なのか、その意味を組織の幹部が理解して組織に落とし込みましょう。

企業の設備投資にはコストがつきますが、接客や接遇にはコストがかかりません。組織の構成員の意識が変われば、その瞬間から接客や接遇の効果を発揮します。そのためには技術訓練が不可欠です。立ち方、座り方、歩き方、お辞儀の仕方、あいさつ、電話対応、謝り方……。多くの中小企業の社員は、このような重要なことを学んだことがありません。大手企業はそうした訓練に関して手を抜きませんので、企業の大小にかかわらず、こうした取り組みが必要です。

では、躾とは何でしょうか。これは、組織の全員が決められたルールを守っている状態です。

例えば、駐車場の車が決められたとおりになっている、電話の応対が決められたとおりにできている、苦情処理をばらつきなく行えるというようなことができていることが、躾ができているということです。ですので、一度自分たちで正しい躾を幹部・活動リーダー・メンバーで話し合う必要があります。そしてそれをルールに落とし込み、教育訓練しなければなりません。

「社長、お宅の社員さんたちは、よくしつけられていますね」という顧客や取引先の言葉は、最大の組織に対するほめ言葉です。マーケティングの根底にはこの躾までたどり着いた状態が必要なのですが、これに気づいている組織や経営者は案外少ないのです。

大手企業や他社の素晴らしさをうらやむだけではなく、自社のあるべき姿を、5S活動を通してもう一度考え、活動を通して人材の育成を図りましょう。

第 4 章

経営者と経営幹部のための9つのコラム

経営コンサルタントとして15年を越え、さまざまな媒体で経営コラムを書き続けてきました。時事的な話題を除くと、組織の存続と発展のために必要な内容のものです。その中で、5S活動と組織運営に関わるコラムを紹介します。

5S活動は実際に組織を動かす活動なので、その活動の中にさまざまなエピソードがあります。経営者の悩みや決断、活動リーダーの献身的行動、後継者の不安定な立場、幹部たちの成長など組織によって現れ方は違いますが、根底にあるのは組織が変化するために必要なプロセスの証拠です。

その背景を少し説明しながら、コラムを紹介します。ぜひ、教育や訓練の場で使っていただきたいと思います。

なお、文中の「組織活性化プログラム」とは、弊社の5S活動を切り口にしたコンサルティング商品のことです。

COLUMN 1

経営ミスマッチ

ある組織で、幹部から社長の悪口がつい出てしまいました。「うちの社長は優柔不断ではっきりしない。われわれとしてはどう動けばいいのかわからないのでイライラする」と言うのです。きちんと経営計画を立てているわけでもなく、ただ売上だけを全員が漫然と追いかけている組織です。確かに経営陣にいくつかの問題がありそうでしたが、経営コンサルタントの目にはそれだけではない課題が見えていました。すでに充分に幹部とコミュニケーションがとれていたので、私は遠慮なく言いました。

「でも部長、今のように5S活動すらまともに仕上げられない組織に、どんな経営方針や理念を落とし込めるのさ？　ベテランが反発している？　若手がいうことをきかない？　できない理由ばかりを並べ立てている組織に、社長が困っているということに気づいていないのかい？　自分たちの役目を忘れてしまっては困るな。いつ体の中を通った社内ルールができるのかな。幹部たちで一度本気になって話し合ったほうがいいよ」

こんな会話を幹部たちと交わしたあとに書いたコラムです。

●――組織の上流と下流

中小企業組織においてわかりやすい現象が「経営ミスマッチ」です。経営者が新しいことを始めたいと考えたときに、組織が自分の思うように動いてくれない。同時に社員側からすると、組織の将来像がよく見えないために、うまくいかないことが少しでもあるとすぐに不平不満が発生する。つまり、上流（経営サイド）と下流（組織）が対立構造になっている場合があります。組織存続の3要件は、①目的・目標の共有、②コミュニケーション、③貢献意欲、ですが、組織の上流と下流でせめぎ合いを行っていると、その3つとも毀損され、絶えず組織がきしみ不協和音が流れます。

「給料さえ貰えればいい」「上（経営サイド）は勝手なことばかり言う」「ほかの部署（セクション）のことなど関係ない」「仕事がおもしろくない」「会社なんてどうでもいい」などと組織人としてあるまじき発言が社員たちの中で絶えず発生してしまう根本原因は、無意識のうちに組織の根底に流れる対立構造に反応しているからです。

●――経営計画と組織活性化活動

言葉には「生活言語」と「抽象言語」の2種類があります。生活言語とは、腹が減った、もう寝ます、急げ、などという単純な言語で、（営業成績が）よかった、悪かった、（売上が）伸びた、減ったなども生活言語に近い性質のものです。それに対して抽象言語とは、なぜそれをやらなければならないか、どのように協力して目標を達成するか、自分たちは将来どのようにあるべきかなどという複雑なメッセージを伝えるために必要な言葉です。

普段の業務は生活言語で処理することができますが、組織の将来像は丁寧な抽象言語でしか伝えることができません。当然言葉だけでは通じないので正確な数字を必要とします。経営計画とはそうした組織の目的・目標を伝える最も重要なものです。建物に例えればそれは設計図や予算書付きの工程表です。これなしでは建築物は作れません。そして、それと呼応して組織活性化活動が必要です。これは、自分たちが働きやすく動きやすい労働環境や組織風土を自ら作り上げる活動のことです。

◉――本当の「全社一丸」

そうした活動の前段に5S活動は実にうまく機能します。整理・整頓・清掃・清潔・躾という5要素を組織の中でシステム化する際に、抽象言語を必要とするからです。「なぜこの書類は不要なのか」「なぜこの機械を移動させるのか」「あいさつはなぜ必要か」などという理由を、全員が理解して初めて5S活動は形になります。そして、何よりも5S活動は目に見えるものなので、進捗や課題を全員で理解することができるのです。

そうした準備が整った組織では経営計画が絵に書いた餅にはなりません。少々抽象的な言葉を使ったとしても、活動を通じて組織に所属する人たちの意識は相当上がっているので、充分に将来のあるべき姿を共有することができるのです。

組織活性化活動に取り組んだ弊社のクライアント企業では、年度末に合宿形式で経営者と経営幹部が経営計画を立てます。組織の上流と下流が一緒になって翌年の計画を立てるのです。そこで交わされる言葉は真剣なものです。そこで共有されているものは自分たちの将来に関わる危機意識です。そこには対立構造はありません。5S活動を入り口にした組織活性化活動は目に見える活動なので、小手先の動きを排除します。組織の中のばらつきを、世代や役職や部門の枠を超えて矯正します。つまり、組織として整った状態を作り出します。そうした新しい風土の中で全員が経営計画を理解し、組織が時代にあった状態で機能していきます。

COLUMN 2

2種類のプラス

5S活動や絶対利益管理活動を始めながらも、日々の業務に追われてしまい、そうした活動を重荷に感じてしまう組織がありますが、まさに業務と仕事の違いが理解できていません。業務優先となって、5S活動や教育訓練が滞ってしまうのです。

そうした組織には、他社事例をきちんと教える必要があります。自分たちの今までの常識では、新しいことを始めたと思っているかもしれませんが、ライバル企業はすでに先に向かって進んでいるという現実を、他社の写真やルールを見せて実感させてあげなくてはいけません。われわれコンサルタントはそうした事例をたくさん持っているので、適切な時期にそうした事例を見せて停滞を防いでいます。

最初は新しいことを始めるのではなく、足りていないものを補う活動から始めなければならない組織は少なくありません。全社を巻き込んだ5S活動はそうした側面も持っています。

企業組織の究極の目的は存続と発展です。何を置いても存続しなければなりません。そして、そのためには利益が必要です。その利益を確保するためには、売上をあげる、または経費を抑えるという組織的行動が必要になります。

◉――跳ぶためには屈む必要がある

ある企業の組織活性化のお手伝いをしていたら、途中でスタッフの一部から不満が出てきました。通常の仕事で手一杯のところに、5S活動や改善活動なんてできない、おまけにマーケティング活動なんてもってのほかだと言うのです。

なるほど、通常業務に追われながらさまざまな仕組みの見直しを行い、その構築のために何度も会議に参加し、教育をしたりされたり……。そのうちに、売上に関する改善のために売上分析やアンケート分析、ホームページ作成やブログ発信が始まる。通常業務は遅滞させるわけにはいかないので、それぞれが重荷になる。純粋に組織のことを考えれば考えるほど、その重さが背中にのしかかる……。

「なぜ、いっぺんにいろいろなことをしなければならないのですか。一つひとつを段階的に積み上げていけば納得がいくのですが、何もかも一緒には無理です！」

実は、何もかもをいっぺんにやっているわけではなく、5S活動や会議システムという仕組みに関する改善を行い、業務と連動して組織配置を変更した上でマーケティング活動の準備を進めていくのですが、組織の中では短兵急（たんぺいきゅう）な動きに感じてしまっているようでした。

スタッフの方と話してみると、今までの自分たちに、「新しいものを積み上げている」と感じていることがわかりました。確かに新しいことに取り組むのですから、新たなプラスが始まっていると感じても仕方ありません。しかし、実態について正確な表現をすれば、「不足しているものを足している」という意味のプラスなのですが、そこがうまく組織に伝わっていないようでした。

◉——跳びたければ屈め！

時代変化には波があります。ゆるやかに変化するときもあれば、急速に変わるときもあります。国会の機能が強化され、今後は外交問題もさらに顕在化していくのでしょう。名のしれた大手企業ですら、その存続が危ぶまれています。そうした変化の中で、企業組織は存続と発展を目指さなければなりません。

これだけ変化の速度が上がり、時代の枠組みの組み換えが進んでいる中では、早い段階での組織内宣言が必要です。改善活動や組織活性化活動は、右肩上がりの時代には純粋に新たなプラスの活動でした。しかし、現在は不足しているものを補うためのプラス活動だという宣言です。つまり、時代変化が大きいのでマイナス地点からのプラスの動きとして始めなければならないという組織告知です。

そして、伸びている同業他社や異業参入業者は何年も前からそうした活動を行っているので、その結果として現在はほかの企業の先を進んでいるのです。

硬直した組織はなかなか「屈む」ことができません。骨も筋肉も神経もガチガチになっていて、自由な動きに制約がかかっているのです。しかしながら、高く跳ぶためには一度屈む必用があります。その屈む動作が組織活性化活動なのです。すでに多くの企業組織がその活動に取り組み始めました。たとえ痛みを伴うとしても、深く屈み、大きくジャンプしましょう。棒立ちのままでは、高く跳ぶことはできません。

これからの時代変化の中で、企業組織が生き残っていくために残された時間はそう長くはないかもしれないと感じています。ふたつのプラスの意味を組織に伝えていきましょう。

COLUMN 3

5S活動は組織活性化の入口

5S活動は、片付けなどという点の活動ではなく「整理・整頓・清掃・清潔・躾」という5つの要素を組み合わせた仕組みです。その結果、その先に何があるのかを明確にしておかなければ、組織に属する人たちは活動の最中に迷うかもしれません。

同時に、何のために5S活動の仕組みを作ったり継続するのかを再確認する必要があります。組織存続の3条件なども教育・訓練の中で組織に丁寧に落とし込まなければ理解や継続が難しくなります。

これは、自分たちの活動の意味を再確認するために書いたコラムです。

◉——5S活動の意味を再確認する

5S活動とは、「整理・整頓・清掃・清潔・躾」という5つの要素を効果的に組織内に落とし込み、大きな時代変化の中で勝ち残っていくために行う「全社的取組み」のことです。

「片付けたくらいで会社が活性化するか？」などという言葉がどこからか聞こえてきそうですが、なかなかどうして、これをある程度まで仕上げるとかなりタフな組織になります。

何しろ、組織はさまざまな世代や立場で構成されているので、簡単に全社一丸になることができません。当然価値観や危機意識のあり方が違うので、単純に片付けと考えてしまうと一切効果を生み出しません。年末の大掃除や盆前の掃除が3週間で元に戻ってしまうのは、単なる片付けをやっているからです。

それに対して5S活動は、組織運営のシステムツールです。整理で不要なものを捨てるという活動で共有されるものに対する価値観を持ち、整頓・清掃で表示や点検保守活動という継続を生み出す仕組みを作り、顧客や働く人たちが評価する清潔、そして共通の目的や目標に向かって全員がしつけられている状態。そうしたものを構築することで、時代に合った組織イメージを組織の末端を含んだ全員で活動内容を共有することができます。

◉──組織存続の3条件

組織が存続するために必要な3要件は、①目的と目標の共有、②コミュニケーション、③貢献意欲、と経営学者のチェスター・バーナードは定義しています。これを私なりに解釈してみました。

経営計画での目標の確認、会議等におけるコミュニケーションの確立や経営方針などから要求される貢献意欲などは、どこの会社でもやっていることかもしれません。しかしながら、従来の形の多くは上から下へという業務の流れと同じ命令という性質を持っています。それに対して5S活動は、それぞれの構成員が全社と部分（部署）を意識しながら下と横の活動になります。機械の位置や通路はこれでよいのか？　机の配置や印刷機の位置は？　書類の数量や保管場所は？　倉庫の佇まいと適性在庫とは？　店舗の有り様や社有車の清潔度は……？　こうしたことを全員で考え、全員で動くことにより、目標の共有やコミュニケーションの質や本来の役割分担を考えるきっかけを持つことができます。

◉──世界一の企業を目指す！

社会が成熟し、価値観が多様化した現代において、組織の中で考えておかなければならないことは、世代間の意識格差とセクショナリズムの存在です。本来仲間であるべき組織で意識のばらつきがあったり、部門間でのリレーションがうまくいかない姿はよく目にします。先日も、工場の5S活動はできているのに、事務所の様子がとてもおかしい組織を見てきました。部門間のばらつきや意識の不統一を感じたのですが、これでは時代変化についていっているとはとても言えません。

『世界一の企業を目指す！』というスローガンを掲げ、組織活性化に取り組み始めた組織や、『社会人として責任ある発言と行動を！』というテーマで動いている組織があります。北海道のある組織のスローガンは『世界のコマツを驚かす！』です。

こうした明確なスローガンを掲げ、時代に合った組織作りを進めている企業組織は少なくありません。

5S活動は組織を活性化させるための入り口です、そして、それができて初めて大きな目標に向けて前に踏み出せるのです。

COLUMN 4

場の力を考える

地域・業種・事業規模にかかわらず、それぞれの企業には風土があります。そして、その風土は成り立ちや組織を構成する人たちの個性によってずいぶん違います。即物的な表現をさせてもらえば「温かい組織」「きちんとした組織」「キビキビとした組織」「明るい組織」。逆に言えば、「暗い組織」「ギスギスした組織」「いい加減な組織」「ダラダラした組織」「潰れる前のような組織」という感じです。もちろん表面的な印象かもしれませんが、実は本質を突いたものであることは少なくありません。明るく感じた組織にはその理由があり、暗く感じた組織にも理由があります。もっと即物的な表現を許してもらえば、利益の出ている組織には利益が出ている理由があり、伸び悩んでいる組織にはその理由があるのです。

これは、自分たちではわかりにくい組織風土に関して書いています。

●――組織風土を考える

講演やコンサルティングの現場で痛感するのは「場の力」です。まったく同じ話をするのだけれど、参加している人たちの姿勢や枠組みによって、浸透度や理解度がかなり違うことが少なくありません。駆け出しのころは、自分の力量の不足だと思っていたのですが、どうやらそれだけではなさそうです。

例えば、企業内での研修の際、事前にその組織の中で目的や経緯や必要性が伝えられていた場合、研修以前に参加者の研修環境が整っているために、開始から終了まで実にスムーズに話ができると同時に、終了後の質疑応答も高いレベルで意見を交わすことができます。一方、とりあえず聞くという状態で始めた研修は、終始全体が浮つき、参加者が終了時間を気にしてまともな質問すら出てきません。同じ人間が同じ時間、ほぼ同じ内容を話しながら、研修後の効果とそれからの組織的な動きに差がついてしまうのは実はこうした入り口の部分からの差が原因なのです。

●――組織風土＝場の気配

本来、人間は精度のよいセンサーを持っているので、一瞬のうちに場の空気を読み取ります。そして、一瞬のうちに場の空気に自分を合わせます。緊張感に満ちた空間に身を置くと、その緊張に応じた態度を取ります。逆にだらけた空間では、自分の意思だけではコントロールできずに、その場に応じたいい加減な発言や行動を取りがちです。

同じ地域で同じような商品やサービスを提供しながら、組織によって企業収益や成長が大きく異なるのはなぜでしょう。似たような人員構成でありながら、社員の定着率に差があるのはなぜでしょう。人材育成に関して次々に新しい世代が育ってくる組織と、いつまでもベテランが大きな顔をしてのさばっている組織の差は何が原因なのでしょうか。経営者の差、幹部の差、資本力や社歴の差など目に見える差は確かにありますが、その根底にはその組織が有している組織風土の違いがあります。

組織風土は、具体的に目に見えるものではありません。しかしながら、サービスの提供を受けたり、取引を行ったり、やりとりをする中で、否応なしに見せつけられるものです。商品やサービスに自信があるか、顧客に関心を持っているか、情熱を持って仕事をしているか、などです。

◉──禅は作務《さむ》を伴う

禅寺を訪れると、実に清々しい気配を感じます。建物の佇まいから庭の手入れ、入り口からお堂に至るまでの廊下の清潔さ、対応する人々の所作動作から伝えようとする熱意まで、静謐にして熱いものを感じてしまいます。ある方にその理由を尋ねたところ、「禅は作務（日常的な作業）を行いますから」という話でした。起床から清掃、配膳、食事、風呂、就寝まで、禅寺では読経や托鉢などの修行の中にこうした「作務」が組み込まれています。「作務で気配を整え、場の力を高め、その中で悟りを目指す。それが禅寺のやり方だ」

組織風土に関して、考えさせられる言葉でした。

売上を上げ、利益を生み出すためには人を育てなければなりません。そして、人を育てるためには場の力を整えなければなりません。「最近の若い人たちは」と言い出す前に、一度自社の企業風土を考えてみる必要はないでしょうか。トンビが鷹を産まないように、つまらない組織から素晴らしい人材は生まれてきません。

場とは、単なる場所や所を示すものではありません。行動や反応の仕方に直接影響し、関係する環境や条件のことです。5S活動で場の力を整えなければ、今はしのげても明日を支えられるかどうか。時代変化の速度が速いので、一度こうして本質的な問いかけが組織にとって今は必要な時代です。

COLUMN 5

失われたプロセス共有

経営者が創業者の場合、組織の輪郭がはっきりしていて、物事の進め方がシャープであることが少なくありません。何しろ創業者ですべてを自分が判断してきたのですから組織課題に対しても明確に決断します。ましてや、一緒にいる経営幹部なども誕生から成長まで共に体験しているので、時と場合によっては目と目で話せるほどコミュンケーションが取れている場合もあります。それに対して、操業年数が長い組織の場合、組織の輪郭がぼんやりしていて活気が薄れている場合があります。

違いはどこにあるのかというと、さまざまな組織の状況において、「プロセス」すなわち、なぜそうなったのかを一緒になって体験していないからです。多くの中小企業で不協和音が起こるのは、そうしたプロセス共有がないがしろになっているからです。5S活動はそのプロセスを改めて行う活動でもあります。

◉——プロセス不共有の現実

あるIT系企業でこんな話を聞きました。

「組織の中で意識の違いが大きくて、いろいろと問題が起こっています。創業メンバーやそのときに仲間に加わった連中はいいのですが、そのあとから入った連中との意識のずれがあって、組織がしっくりとこないんですよ。どうしたものですかねぇ」

別の組織ではこんな現象が起きています。

以前の組織が傾いて、その後ある企業と合併を果たし、再び業績が上がったのですが、その中で苦難の時期を共にした人たちと業績を回復したあとに入った人たちとの間に大きな溝が生じているのです。例えば、以前にはなかった手当がつくようになって以前からいた人たちはありがたいと思っているのに、あとから来た人たちは安いと不満を募らせているのです。

こうした現象が起きている理由は、組織の中にプロセス共有というコミュニケーションにおける重要な要素が希薄になっているという背景があります。プロセス共有とは、共に働く人たちの間での達成までの共通の体験のことです。小学校や中学校の友人たちとの関係が何も気を使わず、長い期間維持できるのはこのプロセス共有というコミュニケーションの本質を踏まえているからです。

同様に、組織においてもこうしたプロセス共有が必要です。

●――偽りの経営計画書

「毎年経営計画書を作っているんですが、まともにそれを達成したことがないんです。あんなの意味はないですね」という経営者がいます。「経営計画なんて、どうせ絵に書いたもちなんだから、作ったって一緒だろ」と言う経営幹部がいます。詳しく聞いてみると、経営計画を社長だけで作ってみたり、何回かの幹部会議で数字合わせとしたりして作っているようです。

逆に、組織活動の統制が取れて顕著な業績を残している組織の経営計画書の作成プロセスは、何度もの幹部会議のあと、役員や幹部が合宿をしてへとへとになりながら作り上げています。当然経営計画発表会のときの経営者や幹部たちの言葉には力がこもっていて、なおかつ魂が込められているので組織の中に強く浸透しています。四半期の計画検証や部下たちからの疑問にも、役員や幹部たちが明確に答えることができるのです。

これは、まさに会社の将来に関するアプローチについてプロセス共有がなされているということです。

◉——体の中を通った言葉

組織が健全に機能するためには、コミュニケーションが大切です。コミュニケーションの大元は言葉です。組織を活性化させるために、さまざまな取り組みを行いながらなかなか成果が上がらないのは、そのときに「体の中を通った言葉」すなわちプロセス共有がなされていないからです。

創業ではない企業がプロセス共有を行うためには、丁寧な全社的取り組みが必要です。現代のプロセス共有を行うひとつのツールが5S活動です。整理・整頓・清掃・躾というシンプルな要素を組織特性に応じてシステム化する活動は、全社を巻き込んだ活動になります。経営者や幹部、中堅、一般という職位や世代、部門や部署というセクションを越えて、全社で完成までの「プロセスを共有していただければと思います。

COLUMN 6

幹部育成と後継者育成の違い

組織の中で人が育たないという話はよく耳にします。正直に言えば、コンサルティング依頼の一番のテーマでもあります。人が育たない原因のひとつは、業務の中で人を育てようとしているからです。業務は基本的に上からの命令で行うものですから、社員の多くは受け待ちになります。それに対して、5S活動は組織のセクションを越え、下と横から行うプロジェクトです。

「受け待ち社員が多くて困る」

という経営者は、一度自分の会社の状況を冷静に見つめ直す必要があります。自分たちで考えるというスペースを、一度でも与えたことがありますか。与えてもいないのに人が育つわけなどありません。5S活動は、自分たちで考えるプロジェクトです。プロジェクトの中からしか、組織を牽引する「人財」は現れてきません。

◉――プロジェクトで人を育てる

このところ、後継者に関わる依頼ごとが急増しています。わが国の企業設立時期から考えて、2代目3代目の登場時期であり、同時にM＆Aの必要性も増しています。右肩上がりの時代ならばビジネスモデルがあったので、時代の風に乗ることだけに専念すればよかったのですが、今は逆風だけでなく乱気流の時代ですから、関係者も後継者自身も実に悩ましい状態のようです。

◉――人材育成と人財育成

組織の仕組みは、時代変化に合わせて大きく変わっているように見えますが、油断をすると目に見えにくい部分については何も変わっていない可能性があります。

伝票処理や配送システム、情報共有・伝達などという見えやすいところは、業界の常識や顧客の要求に従ってインフラ投資も積極的に行われ変化しています。しかし、その仕組みを扱う人間に対する「仕組み」すなわち教育訓練や人材育成は、旧態依然としています。技術変化に関わる研修会などへの参加はあっても、その組織にとって必要な人間の育成

「人財育成」には無関心なようです。

これからの組織にとって必要な人間の条件は、次の3つに集約されます。

①時代変化を認識できる
②その時代変化を先取りする感性を持っている
③その先取りした情報を組織の中に落としこめる

①と②については、個人的資質が大きく関係します。例えば、コンピュータや通信に一切興味を持っていない人間に「時代変化を感じ取れ」と言っても少々ムリな部分がありま す。世の中の変化に興味がないわけですから、ここは研修や教育で組織的に対処しなければなりません。年間計画や定期的な会議の中で、システマティック対応を図る必要があり ます。

●——組織を牽引する能力

③については、単なる研修などで育つスキルではありません。組織は人間の集団ですから、そこには経営者や経営幹部の明確な意思が必要です。③のことをするために、彼らにどのような権限を与え、どこまで自由度を与えるのかという意思決定がなければ、組織に落とし込むという重要な行為を実現できるはずがないのです。

①と②の行為は「人材育成」であり、③は「人財育成」であることに気づいている経営者はそう多くはありません。「人材」とは、組織を支える人たちのことであり、「人財」と

は組織を引っ張る人たちのことです。そして①と②は幹部育成というプロセスであり、③は後継者育成のことなのです。

便利な時代になりましたから、さまざまな組織のニーズに外部研修機関やコンサルタントは素早く対応して、それなりの効果を出してくれます。さまざまなレトルト商品に代表されるような、途中の手間を省くインスタントの時代です。しかしながら、「人財」はインスタントからは育ちません。

これから10年、20年組織を引っ張っていく人間が、電子レンジの「チン」でできるはずはないのですが、多くの経営者たちは、人材と人財を同列に扱い、人財をインスタントで育てようとしています。言葉を変えれば、手塩にかけて育てるということが少なくなってきているのです。

「桃栗3年、柿8年、梨の大馬鹿18年……」

こんな言葉さえ、今の若者の多くは知りません。そうした時代に組織を引っ張っていく人間を育てる義務が、経営者にはあるのですが……。

人財は、業務活動や研修からは育ちません。5S活動というプロジェクトを通して育てるものです。『3週間でわかる○○○』『3カ月でできる○○』などという本には嘘しか書いてないのですが、どこかの経営者の本棚にはそんな本ばかりが並んでいます。

COLUMN 7

頼りない後継者？

最近は、後継者育成が仕事の重要なウエイトを占め始めています。何しろ若い後継者たちは、情報もどきはたくさん持っているのですが、本当の情報を持っていないのです。よって、彼らと会話をすると、ネットに書かれていた借り物の言葉を平気で言ってくるのです。

九州や東京で後継者塾の講師をしながら感じる腹立たしさや、彼らの誤解を解くために書いた文章です。とにかく自分の言葉を持っていない後継者が多すぎます。ある意味、後継者が軽いという現実があるように思います。

◉——後継者との戦い

　昨年、ある大手建材メーカーから取引先の後継者に対する後継者育成研修の依頼を受けました。福岡や東京で後継者育成の講師をしているので、テーマも内容もすぐに準備できるのですが、依頼主が大手企業だったので、その趣旨を担当の方に尋ねました。

「いやぁ、今の取引先の社長たちは何も心配はいらんのです。オイルショックも金融ショックもリーマンショックもちゃんと対応してきた強者ですから、これからも少々のことでつまずくことはありません。しかしながら、そのあとがどうも心配です。代が変わったとたん、おかしくなりそうな組織が少なくないんですよ」

　１９５４（昭和29）年から始まった日本の高度経済成長の中で、起業件数のピークは3回あります。１９５５年前後、１９７０年代前半、１９９０年前後です。１９５５年のころ創業した組織はそろそろ60年、１９７０年代前半の組織は40年、１９９０年前後の組織は25年ということになります。そして、そうした企業が2代目3代目として、一斉に事業承継やＭ＆Ａという時期にきているのです。その結果、大手企業が本気で心配するような現状が始まっています。

◉――不勉強と無関心と他者依存

前後の出来事はさておき、後継者研修会で新聞を毎朝読んでいるかどうか問いかけたところ、全員が読んでいませんでした。なぜ読まないのかと聞くと、スマホやネットでニュースは見ているのでそれで充分だと彼らは言うのです。さて、これが日本の中小企業の実態です。後継者が読んでいないとすれば、幹部たちも読んでいないかもしれません。「今は時代が違うのだから、ネットで充分だろう。無駄な経費をかけてまで新聞なんて読む必要はない」という若者たちに対して、コンサルタントはこう答えます。

「大きな書店に行ったとして、一生その本棚の前に立ちそうもないコーナーはないかい？例えば、私はガーデニングや盆栽の本の前には立ちそうもない。料理コーナーにも立たないかな。洋裁や編み物の本棚の前にも立たないな。代わりに、パソコンや経営書のコーナーには必ず立ち寄る。歴史関係や心理学のところにも行く」

「実は人間は興味の生き物なので、興味のないことや興味のないところには絶対に行かないんです。ということは、ネットでニュースを見るということは、興味のあるニュースしか見ない、ということと同じですね。さて、これから何十人か何百人を率いて組織運営をしなければならない人が、自分の興味のある情報だけで満足しているとは何事ですか？」

「少なくとも、新聞の一面には、そのときの一般的な日本人が知っておくべき記事が書かれています。興味があろうがなかろうが、その時代、そのとき、その日に知っておかねばならないことが書かれています。ネットで充分という人間は、そうした基礎的情報を必要ではないと言っているのと同じです」

「本当に後継者として組織を率いていく覚悟と意欲はあるのかい？　困ったときに誰かが助けてくれるのは、組織の中で下の部分にいるときだけ。組織のトップは誰も助けてはくれません。すべてを自分で判断し、自分で決断する孤独な地位が経営トップです。その孤独さを克服できるのは、それまでの努力以外ないのですが、新聞も読まない人にそれが務まるとは思っているのですか？」

実は、ニュースはネットで充分というビジネスマンが増えているのです。必要な情報さえあればいい、と彼らは言うのですが、そんなことを言っているから世間の動きや社会の変化に気づかず、教養に欠けるのです。健康に関して偏食がよくないように、ビジネスの世界でも適切なバランスが必要です。自分の興味のあるところにしか反応しないような人間が、これから組織を率いていけるわけがありません。

ところで、社長はちゃんと毎日、新聞を読んでますよねぇ。

COLUMN 8

群衆・集団・組織

5S活動をきちんと回そうとすると、組織課題が噴出します。その組織でもっとも弱い部分が露出して、時に痛みを感じるかもしれません。逆にそうした課題が出なかったとすれば、それは形だけの掛け声だけの運動（標語）だったということになります。組織が生まれ変わろうとすれば、当然組織の「膿」を押し出さなければなりません。

そうした思い切った活動から、組織の正しい姿が理解できるようになります。価値観が違う人たちが、ひとつの目的を共有する上で大切な組織の有り様に対する解説です。最初からこんな話を組織の人たちが理解できる訳ではありませんが、5S活動を行った組織では容易に理解されます。

◉——バズワードとは

バズワード（buzzword）という言葉があります。意味は「一見、説得力があるように見えるが、具体性がなく明確な合意や定義のないキーワードのこと」です。多くの経営書やビジネス書を読んでいるときに「書いている意味はわかるのだけれど、具体的に言うとどういうことなのさ？」という素朴な疑問を覚えることがあるのですが、まさにこのバズワードなのだろうと思います。特に、大学教授や官庁上がりの人物が書いたものや発言したものにこの手の話が多く、現場の皮膚感覚からすると違和感になることが少なくありません。つまり表面的すぎて、あるいはカッコをつけすぎていてわかりにくい話のことです。

◉——「組織」の定義

組織という言葉もバズワードです。辞書によれば「ある目的を目指し、いくつかの物とか何人かの人とかで形作られる、秩序のある全体。そういう全体としてのまとまりを作ること。また、その組み立て方」などと書かれているのですが、さっぱり具体的なイメージが浮かびません。企業組織にとって一番重要な定義がこの程度なのですから、組織のことを考えるのは骨が折れます。骨が折れるので、多くの組織では本質的な論議が深まらず、わかりやすい売上や利益、人材育成にしても単純な好き嫌い程度のレベルで済ませてしまっているのではないでしょうか。

　そこで、毎月博多で開催している経営研修会で、私流にこれを定義してみました。

「同じ場所に同じ時刻に集まって同じ目的を持っていたとしても、それを組織とは呼ばない。なぜならば、コンサートや観劇に集まった人々は群衆だからである。同好会やクラブ活動などで集う人々は集団にすぎないからである。

　組織とは、同じ目的と目標を持って、なおかつそれを達成するために機能性を理解した人々の集まりである。そして企業組織とは、同時に理念と価値観と献身性を兼ね備え、社会性を持たなければならない」

　献身性とは、セクショナリズムの排除ということです。他部門が忙しく働いているときに知らん顔をしている他部署の人間はいませんか。若手が苦労しているとき、適切なアドバイスをするベテランはいませんか。お年寄りや女性が重いものを抱えているとき、素早く持ってあげる若手はいませんか。

　そして、社会性とは顧客ニーズのことです。お客の顔が見えていますか。お客の声を聞いていますか。そして、時代変化をきちんと理解していますか。

残念なことに、群衆のような組織が存在します。同好会やクラブ活動の延長のような甘ちゃん揃いの組織もどきの集団が存在します。そうした団体では、理念や価値観などという発想も必要性も理解されません。ましてや、献身性や社会性などイメージすらできません。研修後のアンケートでは、「うちはまさに群衆である」「確かに社内での仲はよさそうに見えるが、それはクラブ活動的な仲のよさであり、機能性を磨く意識がない」などという経営者の言葉が並びました。

群衆・集団・組織は、外見は同じです。同じ場所に同じ時間に集いながら、そこからの方向とレベルの違いによって、展開がまったく異なってきます。

ここに来て、グローバルでダイナミックな動きが社会に影響を与え始めました。中東の不安定な情勢が、中国の経済減速と領土的野心が、これからの世界にどのような影響をおよぼすのでしょうか。誰も傍観者ではいられません。組織を鍛え、組織を磨かなければやがて組織は消滅してしまいます。２０１５年の残り数十日をどのように過ごすのか。何を考えるのか……。バズワード頼みでは、明日が見えてきません。

COLUMN 9

正義の人

数多く書いてきたコラムには、実際にお付き合いをしている経営者や後継者のさまざまエピソードがあるのですが、その中からの一編です。コンサルタントにコストを支払っても組織をよくしたいと考える経営者たちですから、それぞれに意識の高い優れた人物たちです。当然活動の途中や十年近いお付き合いの中ではさまざまな悩みを抱えますが、彼らは基本的に果断です。真の経営者たちなので、発生した課題の原因は自分にあるという意識を持っています。部下のせいにしたり外部要因のせいにしたりは一切しません。

まさに真剣勝負としか表現しようのない経営の現場に、私は何度も立ち会ってきました。多くの後継者や経営幹の方々に、経営者の覚悟を知っていただきたいと思います。

◉——経営者の本当の覚悟

「組織活性化プログラム」は弊社が勧めるプロジェクト型のコンサルティングです。プロジェクトなので、当然リーダーを決めなければなりません。ある日、久留米市の企業トップと誰をリーダーにすべきかの打ち合わせをしているときに「正義の人をリーダーに据えたい」という発言が出ました。思わず手帳にその言葉を書き留めたのは、今までそうした表現で次世代リーダーの資質をした人がいなかったからです。もちろん、その社長のいう正義とは、社会的正義という意味ではなく、組織にとって正しいと思われることを敢然と行う、いわば企業正義のことです。リーダーを誰にするかは組織の今後に深く関わることであり、慎重に行う必要があるのですが、「正義の人」という言葉には、その経営者が持っている強い意志が感じられました。

◉——専務、降格！

別の日に、長く付き合いのある社長と、今後の組織改善の打合せをしたあと、「それでは詳しい日程などは専務の方と打ち合わせをします」と私が言うと、その社長が打ち合わせをするべき別の人間の名前を挙げられ、こう言いました。

「○○は専務から部長に降格しました」

「えっ！」と思わず声を上げてしまったのは、8年近いお付き合いの中で、部長から常務へ、常務から専務へというプロセスを充分に知っていたからです。

「何かありましたか？」

「いや、別に何があったということではなく、私が育てられなかったということです。3年間ずいぶん指導したつもりだったのですが、最後まで現場から離れられなくて経営がわからなかったようです。私の責任ですな」

確かに、現場叩き上げの専務なので意味は理解できました。現場に精通した人間は、基本的に現場が楽なのです。かつて建設会社で現場員から常務までしてきた私には、専務の困難さと社長の歯がゆさがよくわかりました。しかしながら「専務、降格！」というのはまさに英断という他なく、同時にどの経営者にでもできることではないということもわかります。

●――自責と他責

専務を降格させた社長はまさに正義の人です。人間である以上、それなりの人情と思いやりを持っています。ましてや企業経営ならば、体面ということもあります。しかしながら、その社長は見事に組織正義を貫いたのでした。

同じように、愛知県のある企業の2代目会長は、7年近いお付き合いの中で、3人のグループ企業の社長の首を切りました。コンサルタントとして社長解任までのプロセスもわかっているのですが、それでもその会長の決断は果断なものでした。そして、その会長もまた自責の人でした。グループ会社のトップを解任したあと、長く自らが会長と社長を兼任して、組織の立て直しを図りました。

「まぁ、選んだ私の責任ですから」というのも、その会長の言葉です。

正義は立場によって変わります。何が正義であるかという定義も時代変化の中では難しいものです。しかし、企業経営の中ではどこかでその正義を経営トップが判断しなければなりません。選ぶ正義と切る正義。どこまで行っても経営者はその困難さから逃れられません。有能な経営者たちの共通点は、人事ですら自責として捉えていることです。誰にでもチャンスはありますが、資質は誰にでも備わっているわけではありません。その資質を見抜けなかった自分や育てられなかった自分を認識するところから始まる組織の成長もあります。

「景気が悪いので」「政治が悪いので」「取引業者が悪いので」「○○が悪いので」と口に出した瞬間、自責は遠くなります。いつも原因は他責にあるのではなく自責にあります。

今一度、御社の企業正義、考えてみませんか？

おわりに

最終章の「正義の人」というコラムの文章をお伝えしたいために本書を書いたのだということに気づきました。

「正義は立場によって変わります。何が正義であるかという定義も時代変化の中では難しいものです。しかし、企業経営の中ではどこかでその正義を経営トップが判断しなければなりません～」

15年以上中小企業の経営者の方々と会い続け、組織の活性化のお手伝いをして確信しているのは「自分の身は自分で守れ」という素朴で普遍的なことです。確かに他人芝生は青く見えますが、青い理由は部外者からは見えません。つまり、他の会社を羨んでもそれは意味のあることではありません。大切なことは「うちの組織では！」という経営者の覚悟だと思います。

その覚悟を従業員たちと共有するツールが5S活動です。単なる片付けや大掃除とは違う活動を通じて、間違いなく人が育ち社員の意識が変わります。そのことによって利益や組織の将来像さえも大幅に書き換えることもできます。

従業員を信じてみてください。特に若い世代の可能性を信じてください。多くの組織でベテランの意識が変わり、若者たちが自分の役割を理解して高い意識で組織を支えている風景を、私は毎日目にしています。従業員に、5S活動によって方向と活動できるスペースを与えることで、間違いなく組織は変わります。

ただし、組織の将来に対して正義の人である必要があります。自由や平等を誤解した社会に対して「駄目なものは、駄目！」と言い切れるのは経営者だけです。真偽の定まらない情報を並べるマスコミやネガティブ情報を流し続けるネット記事などに惑わされてはなりません。自分たちで判断して経営者と一緒になって「駄目なものは、駄目！」と言える人材を、5S活動というプロジェクトを通して作りましょう。

中小企業が可能性の宝庫であることに間違いはありません。日本の外需はGDPの11%程度です。残りは内需であることをマスコミは伝えません。内需を支えているのは中小企業なのです。まだまだ戦えるスペースはどんな業界にも残っているのです。

自分たちの将来に向かって「駄目なものは、駄目！」と言い切れる組織作りを５Ｓ活動で実現していただきたいと願っております。

著　者

最強《さいきょう》の組織《そしき》をつくる「5S《ごえす》」のススメ

2016年7月18日　初版第1刷

著　者 ―――――――― 戸敷進一《とじきしんいち》
発行者 ―――――――― 坂本桂一
発行所 ―――――――― 現代書林
〒162-0053　東京都新宿区原町3-61　桂ビル
TEL／代表　03(3205)8384
振替00140-7-42905
http://www.gendaishorin.co.jp/
カバー・本文デザイン ―― 福田和雄(FUKUDA DESIGN)

印刷・製本：広研印刷(株)
乱丁・落丁本はお取り替えいたします。

定価はカバーに
表示してあります。

ISBN978-4-7745-1578-6 C0034